Marilisa De Gerone   Jolanda Caon   Werther Ceccon
Marco Piaia   Oriana Primucci Tiziana Raffaelli

In bocca al lupo

1

al lupo
ragazzi!

corso di italiano per la scuola secondaria di primo grado (11-14 anni)

quaderno di lavoro

Alma Edizioni
Firenze

Direzione editoriale: **Ciro Massimo Naddeo**
Coordinamento editoriale e redazione: **Sabrina Galasso, Chiara Sandri**
Progetto grafico e impaginazione: **Gabriel de Banos**
Copertina: **Lucia Cesarone**
Illustrazioni: **Ottavia Bruno**

Coordinamento didattico: **Jolanda Caon**
Coordinamento del progetto: **Claudia Dordi, Marco Piaia**
Consulenza scientifica: **Carla Bertacchini, Rita Gelmi**
Coordinamento della sperimentazione: **Milena Belluzzi, Lorenza Graziadei, Elisabetta Leonardi**

Coordinamento audio: **Vanni Cassori**
Registrazioni dialoghi curate da **Federica Chiusole** con la collaborazione di **Michele Tesolin**

Si ringrazia per la collaborazione audio il signor **Alexander Werth**

 Provincia Autonoma di Bolzano-Alto Adige
Ripartizione Cultura tedesca e famiglia
Ufficio audiovisivi

Si ringraziano tutti i ragazzi coinvolti nella sperimentazione per il senso di responsabilità con cui hanno partecipato al lavoro.
Si ringraziano gli sperimentatori: Patrizia Arcaini, Lucia Baghin, Milena Belluzzi, Anna Bignotti, Nora Boso, Paola Bruni, Michela Buglione, Alessio Cannepele, Cason Paola, Jole Cocco, Stefania Fronza, Lorenza Graziadei, Maria Cristina Labriola, Elisabetta Leonardi, Sarah Viola.

Le voci dei brani audio sono di: Gianni Beber, Roberto Bellia, Samuel Bertoldi, Andrea Bonetti, Valentina Bortolini, Lara Casagrande, Federica Chiusole, Christian Dalla Rosa, Denise De Filippo, Arianna Fontanari, Mirco Gretter, Giulia Grisenti, Sami Hannioui, Anastasia Laner, Manuela Lotti, Zarife Osmani, Leonardo Paoli, Pier Andrea Pincigher, Rocco Rampino, Giovanni Rigoni, Diego Santuari, Livio Sartori, Andrea Stambul, Michele Tesolin, Michele Toldo, Fabio Zacà.

Si ringraziano per le registrazioni la Scuola Media "Tullio Garbari" Pergine Valsugana e la Prof.ssa Marta Scalfo.
Si ringrazia per il prezioso aiuto Vittoria Chiaravalloti.
Si ringraziano per la collaborazione Paolo Perri e Tiziano Popoli.
Un ringraziamento inoltre a Diego Baruffaldi e Elisa Salvadori.

In bocca al lupo, ragazzi! è un progetto realizzato da Alma Edizioni in collaborazione con l'Istituto Pedagogico Tedesco di Bolzano.

Printed in Italy

ISBN 978-88-6182-177-4

© 2011 Alma Edizioni

Prima edizione: maggio 2011

Alma Edizioni
Viale dei Cadorna, 44
50129 Firenze
tel. + 39 055476644
fax + 39 055473531
alma@almaedizioni.it
www.almaedizioni.it

Voltiamo pagina

Q1. *Riordina le battute del dialogo dell'attività 2 del libro, come nell'esempio.*

_1_ **a.** **Lisa:** A proposito, come ti chiami?
__ **b.** **Bobo:** Abiti qui in via Ortles anche tu?
__ **c.** **Bobo:** Anch'io! Ma guarda, non ti ho mai vista!
__ **d.** **Lisa:** Sì, in quel palazzo rosso all'angolo, vedi, quello!
__ **e.** **Lisa:** Lisa.
__ **f.** **Lisa:** Beh, in questo senso hai proprio ragione. Ho voltato pagina.
__ **g.** **Lisa:** Certo, sono nuova! Prima abitavamo a Torino! Siamo qui solo da agosto!
__ **h.** **Bobo:** Ah, ecco! Tu hai proprio voltato pagina, eh?
__ **i.** **Bobo:** Sì, hai cambiato città e scuola.
__ **l.** **Bobo:** Roberto, ma per tutti Bobo, e tu?
__ **m.** **Lisa:** Come, ho voltato pagina?

Q2. *Completa le frasi con le parole della lista.*

a. Bobo va a ~~scuola~~ alla Montessori.
b. Lisa _va_ a scuola all'Alfieri.
c. Bobo non sa _dove_ è via Parma.
d. Per arrivare in via Parma bisogna andare fino all' _incrocio_ .
e. Per arrivare in via Parma ci vogliono circa dieci _minuti_ .
f. La "Montessori" è vicino al _supermercato_ .
g. Lisa abita in un palazzo rosso all' _angolo_ .
h. Bobo abita nello stesso _palazzo_ .
i. Lisa prima abitava a _Torino_ .
l. Lisa è in quella città solo da _agosto_ .

scuola · palazzo · agosto · supermercato · dove · angolo · va · minuti · Torino · incrocio

Pronomi personali soggetto
Presente dei verbi regolari in -are
Verbo chiamarsi

Grammatic@

Osserva e completa le tabelle.

Bobo: **Abiti** qui in via Ortles anche tu?
Lisa: Sì, **abito** in quel palazzo rosso all'angolo.

	abitare	frequentare
Io	abit-___	frequent-___
Tu	abit-___	frequent-i
Lei/Lui	abit-**a**	frequent-___
Noi	abit-**iamo**	frequent-___
Voi	abit-**ate**	frequent-___
Loro	abit-**ano**	frequent-**ano**

		chiamarsi
Io	mi	chiam-___
Tu	ti	chiam-**i**
Lei/Lui	si	chiam-**a**
Noi	ci	chiam-**iamo**
Voi	vi	chiam-**ate**
Loro	si	chiam-**ano**

Q3. *Completa le frasi con le forme del verbo* **abitare**.

a. Tu dove _____? Io _____ in via Ortles.
b. I ragazzi _____ tutti e due in via Ortles.
c. Luigi _____ in montagna.
d. E voi, dove _____?
e. Noi _____ in un condominio in città.

Q4. *Scrivi le frasi al plurale, come nell'esempio.*

a. Io guardo spesso i fumetti all'edicola. ⟶ Noi _guardiamo spesso i fumetti all'edicola_
b. Lei impara con entusiasmo. ⟶ Loro _____,
c. Tu abiti vicino all'incrocio. ⟶ Voi _____,
d. Io volto spesso pagina e faccio cose nuove. ⟶ Noi _____,
e. Lui cambia sempre tutto. ⟶ Loro _____,

Q5. *Completa il testo con i tuoi dati personali.*

Mi chiamo _____. Ho _____ anni. Abito a _____, in via _____ al numero _____. Frequento la _____ classe della scuola _____. In _____ minuti arrivo a scuola.

Q6. *Completa le frasi con i verbi della lista.*

a. La professoressa di matematica _____ molto bene.
b. Pietro e Antonio _____ vicino alla scuola.
c. Io _____ i fumetti.
d. Luca _____ dai nonni solo in agosto.
e. Lucia _____ al telefono la sua amica.
f. Il professore a volte _____ idea.
g. Gianni _____ spesso con il professore di matematica.
h. Noi _____ alla scuola Montessori!

abita   guardo   chiama   andiamo   cambia   parla   insegna   abitano

Q7. *Completa le frasi, come nell'esempio.*

a. Tu frequenti la prima media. Noi invece _frequentiamo_ la seconda media.
b. Lei abita in un palazzo rosso. Noi invece _____ in un palazzo verde.
c. Tu cambi spesso città. Voi invece non _____ mai città.
d. Martina domanda scusa alla mamma. Maria e Michele invece non _____ scusa a nessuno.
e. Franco cambia zainetto ogni anno. Io invece _____ zainetto ogni tre anni.
f. Gianni non guarda le macchine all'incrocio. Andrea e Luca invece _____ sempre le macchine all'incrocio.
g. Loro guardano i fumetti. Tu invece non _____ i fumetti.
h. Luigi scusa tutti. Mia mamma invece non _____ nessuno.

Grammatic@

Osserva e completa la tabella.

> Io **sono** Lisa e **ho** 12 anni. Lui **è** Bobo. Anche lui **ha** 12 anni.

	essere	avere
Io	_____	_____
Tu	sei	hai
Lei/Lui	_____	_____
Noi	siamo	abbiamo
Voi	siete	avete
Loro	sono	hanno

Q8. *Forma correttamente le frasi, come nell'esempio.*

1. Noi
2. Carla
3. Tu
4. Mario
5. I ragazzi
6. Io
7. Voi

a. sono all'incrocio.
b. è un ragazzo gentile.
c. è una ragazza di Torino.
d. *siamo a casa stasera.*
e. sono stanco di ascoltare.
f. siete in classe.
g. sei a scuola.

Q9. *Completa le frasi con i verbi della lista.*

hai   hanno   ha   avete   abbiamo   ho

a. Lucia _____ fretta di tornare a casa.
b. Voi _____ voglia di leggere il giornalino?
c. Claudio e Mario non _____ mai il quaderno di matematica.
d. Come ti chiami? Quanti anni _____?
e. Mi dispiace, io non _____ tempo!
f. Quest'anno noi _____ un nuovo insegnante.

Q10. *Completa il testo con le forme dei verbi **essere** e **avere**.*

Ciao! Mi chiamo Marco, _____ un ragazzo di I media e _____ 11 anni.
_____ un tipo sportivo e tutti dicono che _____ simpatico. Infatti
_____ tanti amici.
Io _____ di Urbino, una cittadina vicino a Pesaro, dove abito con la mia famiglia.
_____ un fratello più grande di me. _____ tanti hobby: mi piace giocare a
pallavolo e nuotare. _____ anche un cane lupo di nome Wolf. Quando _____
tempo o quando _____ nervoso, faccio una passeggiata con lui, e tutto torna ok!

Q11. *Completa il testo con le forme dei verbi* **essere** *e* **avere**.

Marco _____ un bravo musicista. Lui _____ tredici anni e suona il violino da tre anni. Questa sera suona in un concerto e per l'occasione è andato dal parrucchiere.
La sua mamma e lui _____ molto legati. La mamma _____ fiera del suo ragazzo. Lei prepara dei pranzetti squisiti per lui.
Marco _____ superfelice di tornare a casa ogni giorno e _____ sempre una fame da lupo.

Q12. *Correggi gli errori. C'è un errore in ogni frase.*

a. Marina e una ragazza intelligente.
b. Noi aviamo un appartamento in via Bari.
c. La ragazza ho il giornalino.
d. Mi chiamo Gabriele e sono 12 anni.
e. Piero è Luca vanno a scuola insieme.
f. Loro anno un bravo professore di italiano.
g. Abbiamo qui solo da agosto.
h. I miei compagni anno tutti 12 anni.
i. Silvia è 11 anni e va in prima media.
l. Con questo caldo non o voglia di andare a scuola!

ⓐ Nomi propri e nomi comuni
3

Grammatic@

Osserva e completa la regola.

> Bobo e Lisa si incontrano per strada. Lisa frequenta la scuola "Alfieri" in via Parma, non lontano da lì, a circa dieci minuti.

Le parole sottolineate sono nomi, aggettivi o verbi? Perché sono scritte in caratteri diversi?

Le parole sottolineate sono
○ aggettivi.
○ verbi.
○ nomi.

Le parole che si riferiscono a persone, animali o cose e che hanno l'articolo, come *la* strada, *la* scuola, *la* via, *la* mamma, *il* gatto e che si scrivono in minuscolo sono _____ comuni, le altre, come *Bobo*, *Alfieri*, *Parma* e che sono scritte in maiuscolo sono _____ propri.

Q13. *Leggi il testo e scrivi le parole* sottolineate *nella colonna giusta, come nell'esempio. Aggiungi poi in ogni colonna almeno cinque parole.*

Bobo e Lisa si incontrano per strada. Lisa frequenta la scuola "Alfieri" in via Parma, non lontano da lì, a circa dieci minuti. Bobo frequenta la scuola "Montessori" in viale Europa. La scuola "Montessori" è una scuola tedesca. Lisa abita come Bobo in via Ortles, ma non si sono mai visti perché prima lei abitava a Torino.

Nomi propri	Nomi comuni
Bobo, _____	strada, _____
_____	_____
_____	_____
_____	_____

Q14. _Sottolinea_ in rosso i nomi propri e in verde i nomi comuni.

Ciao, mi chiamo Francesco, ho dodici anni e abito a Milano in via Galileo Galilei al numero 23. Mi piace il giornalino Supersbrif. Per il mio compleanno i miei genitori mi hanno regalato l'abbonamento. Nel mio tempo libero gioco a calcio con la squadra delle Tigri e ogni due domeniche sono in trasferta. La prossima settimana giochiamo a Sirmione in provincia di Brescia. Forse viene anche la ragazza che mi piace: si chiama Elisa. Spero che vinciamo la partita.

Nomi in _-o, -a, -e_

Grammatic@

Osserva e completa la regola.

> Vedo un alber**o**. Vedo tanti alber**i**.
> Vedo una panchin**a**. Vedo tante panchin**e**.

I nomi maschili che al singolare finiscono in **_-o_**, al plurale finiscono in _____.
I nomi femminili che al singolare finiscono in **_-a_**, al plurale finiscono in _____.

> Prendo il cellular**e**. Prendiamo i cellular**i**.
> Prendo la chiav**e**. Prendiamo le chiav**i**.

I nomi maschili che al singolare finiscono in **_-e_**, al plurale finiscono in _____.
I nomi femminili che al singolare finiscono in **_-e_**, al plurale finiscono in _____.

Q15. _Inserisci i nomi nella colonna giusta, come nell'esempio_

le pagine   gli anni   il numero   il giornalino   la via   le strade   la ragazza   lo zainetto   gli amici   le scuole   la mela   la strada   l'albero   il palazzo   il ragazzo   il vigile   il gelato   le occasioni   la panchina   gli scarponcini   l'elastico   i biscotti   il panino   il formaggio   le edicole   lo scherzo

	singolare	plurale
maschile		
femminile		le pagine

Grammatic@

Osserva e completa la regola.

	singolare	plurale
maschile	il panino lo zainetto l'elastico	i panini gli zainetti gli elastici
femminile	la merenda l'aranciata	le merende le aranciate

Attenzione!

Per trovare l'articolo determinativo giusto è importante sapere se il nome è maschile o femminile e guardare come inizia la parola.

Maschile

Davanti a quasi tutte le consonanti l'articolo è _____ al singolare, che diventa _____ al plurale.
Davanti a **s** + consonante (**sb, sc, sd, sp, st, sq**), davanti a **gn, ps, x, y** e **z** l'articolo è _____ al singolare, _____ al plurale.
Davanti a vocale, l'articolo è _____ al singolare, che diventa _____ al plurale.

Femminile

Davanti a tutte le consonanti l'articolo è _____ al singolare, che diventa _____ al plurale.
Davanti alle vocali, l'articolo è _____ al singolare che diventa _____ al plurale.

Q16. *Volgi al plurale, come nell'esempio.*

singolare	plurale
il giornalino	i giornalini
l'occhio	gli occhi
l'orologio	gli orologi
il viale	
il palazzo	
l'anno	
il nome	
lo zainetto	
il quaderno	
il cognome	

(maschile)

singolare	plurale

	singolare	plurale
femminile	l'edicola	le edicole
	la giornata	le giornate
	l'abitazione	
	la via	
	la ragazza	
	la segreteria	
	la squadra	
	la settimana	
	la partita	
	la passeggiata	

Q17. *Volgi al singolare, come nell'esempio.*

	singolare	plurale
maschile	il minuto	i minuti
		i giochi
	l'indirizzo	gli indirizzi
	Il ANNO	gli anni
	L'amico	gli amici
		i palazzi
	l'incrocio	gli incroci
	l'ALBERO	gli alberi
	LO SCHERZO	gli scherzi
	l'ELASTICO	gli elastici
femminile	la pagina	le pagine
		le pedine
		le oche
		le occasioni
		le panchine
		le aranciate
		le mele
		le scuole
		le strade
		le amiche

Q18. *Completa il testo con gli articoli determinativi, come nell'esempio.*

Francesco prepara ogni sera __lo__ zainetto per andare a scuola.
Domani ha storia, matematica, italiano e due ore di sport. Così prende _____ tuta, _____ scarpe da ginnastica, _____ libri e _____ quaderni, _____ astuccio con _____ penne, _____ colori, _____ compasso e _____ righello.
Nello zainetto mette anche _____ abbonamento per _____ autobus.

Q19. *Nel testo ci sono 9 articoli determinativi sbagliati. Trova gli errori e correggi, come nell'esempio.*

Il amico di Franco si chiama Antonio e abita in piazza Garibaldi, lo stessa piazza dove abito anch'io. Insieme frequentano le prima media alla scuola "Carducci". Anche le nostri amici delle elementari vanno lì.
Le lezioni cominciano alle 8.10 e finiscono alle 13.15, il intervallo dura solo 10 minuti. Le cosa che non gli piace tanto sono i compiti per casa: spesso deve fare i esercizi scritti e ha anche molte pagine da studiare.
I insegnanti sono gentili, gli compagni di classe sono tutti molto simpatici e il cortile è così grande che si può giocare a calcio.

Q20. *Scrivi nella colonna sinistra il tuo orario scolastico di oggi e nella colonna destra il tuo orario ideale.*

	Orario di oggi	Orario ideale
La prima ora		
La seconda ora		
La terza ora		
La quarta ora		
La quinta ora		
La sesta ora		

Q21. *Leggi, pensa e segna.*

😊😊	Io so fare molto bene
😊	Io so fare bene
😐	Io so fare abbastanza bene
😞	non lo so ancora fare

IO SO...

			😊😊	😊	😐	😞
A	capire un dialogo tra due ragazzi e tra loro e un vigile					
L	leggere per completare o per scrivere testi					
C	domandare e riferire dati personali					
P	presentare se stessi					
S	scrivere brevi pagine di diario e compilare una scheda					

Spero di cavarmela

Q1. *Completa le frasi con le parole della lista.*

> pulita   difficile   utile   pesante   corto   speciali   larghe   comoda   contento   spazioso

a. Il portone in legno è _____.
b. Le aule sono _____.
c. Oggi sono _____ perché ho preso un bel voto.
d. La mia scuola è _____.
e. La professoressa d'italiano ha detto che il mio tema è troppo _____.
f. Questo esercizio è troppo _____.
g. Le scale della mia scuola sono _____.
h. Il cortile della scuola è _____.
i. La tua tuta da ginnastica è _____.
l. Il computer è _____.

> **a 1** Aggettivi qualificativi in -o, -a, -e

Grammatic@

Osserva e completa la regola.

> L'aula di scienze è **nuova, ampia** e **moderna**.
> Le materie **nuove** sono **facili** o **difficili**?

Nuova, ampia, moderna, nuove, facili, difficili sono parole che indicano
◯ quantità.
◯ qualità.
◯ possesso.

Le parole che indicano _____ sono **aggettivi qualificativi.**

L'aggettivo qualificativo maschile che termina in **-o** al singolare, termina in -____ al plurale.
L'aggettivo qualificativo maschile che termina in **-e** al singolare, termina in -____ al plurale.
L'aggettivo qualificativo femminile che termina in **-a** al singolare, termina in -____ al plurale.
L'aggettivo qualificativo femminile che termina in -____ al singolare, termina in **-i** al plurale.
Alcuni aggettivi singolari in **-co/-ca/-go/-ga**, al plurale terminano rispettivamente in **-chi/** -____ / -____ /**-ghe**.

Q2. *Completa con le desinenze degli aggettivi, come nell'esempio.*

a. Sei un ragazzo davvero simpatic*o*.
b. Marco ha uno zainetto verd___.
c. La mia professoressa è molto alt___.
d. I nuov___ banchi sono larg___.
e. Non conosco i miei nuov___ insegnanti.
f. La mia compagna di banco ha i capelli biond___.
g. Il mio compagno di banco è curios___.
h. A scuola mia sorella è precis___.
i. I miei nuovi amici sono molto simpatic___.
l. I professori hanno tutti una cartella pien___ di libri.

Q3. *Trova nel cercaparole gli aggettivi qualificativi, come nell'esempio.*

	A	B	C	D	E	F	G	H	I	J
1	E	H	W	C	R	U	D	O	O	C
2	J	R	A	D	O	V	B	S	D	O
3	V	D	M	Y	K	P	C	K	M	R
4	E	L	A	K	I	I	O	N	J	T
5	L	A	R	V	E	C	C	H	I	O
6	O	R	O	B	G	C	G	V	N	M
7	C	G	N	A	W	O	L	T	H	A
8	E	O	G	S	S	L	D	P	E	G
9	J	Y	M	S	K	O	E	T	T	R
10	N	D	S	O	B	R	U	T	T	O

Q4. *Scrivi gli aggettivi trovati nell'esercizio **Q3** vicino al loro contrario, come nell'esempio.*

a. grande: _____piccolo_____
b. nuovo: _____
c. bello: _____
d. lento: _____
e. grasso: _____

f. lungo: _____
g. alto: _____
h. stretto: _____
i. cotto: _____
l. dolce: _____

Q5. *Trova nel cercaparole gli aggettivi qualificativi, come nell'esempio.*

	A	B	C	D	E	F	G	H	I	J
1	J	C	O	M	O	D	A	T	R	F
2	I	P	U	L	I	T	A	V	Q	M
3	C	A	L	D	A	D	Y	P	X	S
4	Z	B	F	O	R	T	E	H	C	D
5	L	F	G	I	O	V	A	N	E	B
6	R	V	R	E	D	U	C	A	T	O
7	Z	S	I	M	P	A	T	I	C	O
8	D	G	P	E	S	A	N	T	E	V
9	P	I	C	C	O	L	O	P	L	F
10	W	C	O	R	T	E	S	E	I	R

Q6. *Scrivi gli aggettivi trovati nell'esercizio **Q5** vicino al loro contrario, come nell'esempio.*

a. antipatico: _____simpatico_____
b. grande: _____
c. maleducato: _____
d. anziano: _____
e. leggero: _____

f. scortese: _____
g. scomoda: _____
h. sporca: _____
i. fredda: _____
l. debole: _____

Q7. *Rileggi una parte del diario di Cosimo dell'attività 10 del libro e* <u>sottolinea</u> *le "qualità" della sua scuola, come nell'esempio.*

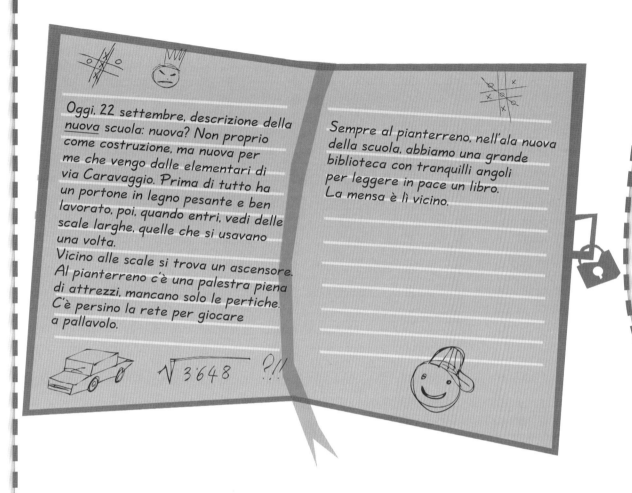

Oggi, 22 settembre, descrizione della <u>nuova</u> scuola: nuova? Non proprio come costruzione, ma nuova per me che vengo dalle elementari di via Caravaggio. Prima di tutto ha un portone in legno pesante e ben lavorato, poi, quando entri, vedi delle scale larghe, quelle che si usavano una volta.
Vicino alle scale si trova un ascensore. Al pianterreno c'è una palestra piena di attrezzi, mancano solo le pertiche. C'è persino la rete per giocare a pallavolo.

$\sqrt{3648}$?!!

Sempre al pianterreno, nell'ala nuova della scuola, abbiamo una grande biblioteca con tranquilli angoli per leggere in pace un libro.
La mensa è lì vicino.

Q8. *Trova l'aggettivo contrario a quello della prima colonna, come nell'esempio.*

aggettivo	a	b	c
stretto	*largo*	nuovo	breve
leggero	piacevole	pesante	carino
bello	basso	brutto	corto
veloce	lento	sottile	enorme
caldo	crudo	bruciato	freddo
lungo	calmo	corto	pericoloso
felice	costoso	esperto	infelice
comodo	scomodo	breve	moderno

Q9. *Trova i dieci aggettivi qualificativi nell'onda, come nell'esempio.*

STRETTOSIMPATICOFELICEUMIDOCOMODODIFFICILEPESANTEALTOTRISTEAMARO

Q10. *Scrivi gli aggettivi trovati nell'esercizio* **Q9** *vicino al loro contrario, come nell'esempio.*

a. largo: _____*stretto*_____
b. leggero: _____
c. infelice: _____
d. scomodo: _____
e. allegro: _____

f. facile: _____
g. antipatico: _____
h. secco: _____
i. dolce: _____
l. basso: _____

Q11. *Trova almeno tre aggettivi adatti alle parole, come nell'esempio.*

a. tuta ⟶ _____*stretta, lunga, nuova*_____
b. amico ⟶ _____
c. cortile ⟶ _____
d. laboratorio ⟶ _____
e. panino ⟶ _____
f. palestra ⟶ _____
g. scuola ⟶ _____
h. professore ⟶ _____
i. ascensore ⟶ _____
l. finestra ⟶ _____
m. libro ⟶ _____

Q12. *Trova i dieci aggettivi qualificativi nell'onda.*

gentileclassesimpaticafelicilaboratorioumidoscalecomoda
ascensoredifficiletristipalestradolceportoneamarosemplice

Q13. *Completa le frasi con gli aggettivi della lista.*

simpatici   speciali   ampio   difficili   breve   moderni

trafficata   spazioso   interessanti   larga

a. Il giornalista fa una _____ intervista.
b. Nella nuova scuola ci sono molte aule _____.
c. Nell'_____ cortile della scuola possiamo giocare.
d. Il laboratorio di scienze è _____.
e. La biblioteca ha molti libri _____.
f. La palestra è _____.
g. Davanti alla palestra la strada è rumorosa perché è molto _____.
h. Nell'aula di informatica ci sono molti computer _____.
i. I miei compagni di classe sono _____.
l. Le nuove materie sono _____, ma io spero di cavarmela.

Q14. *Completa le frasi con gli aggettivi **primo** e **ultimo**, come nell'esempio.*

a. Quei ragazzi sono sempre seduti in *prima* fila.
b. Nei _____ tempi era timido e non diceva niente.
c. Le _____ parole di Giulietta sono state "Ti amo, Romeo!".
d. I _____ classificati vincono € 2.000!
e. L'ho visto per l'_____ volta tre giorni fa.
f. È la _____ volta che venite qui?
g. Che fortuna! Ho trovato gli _____ due biglietti per il concerto!
h. Gli _____ giorni di scuola sembra che non passino mai!
i. Mio fratello ha messo il _____ dentino.
l. Ride bene chi ride _____!
m. A che ora passa l'_____ autobus? A mezzanotte e mezza.
n. È arrivata proprio all'_____ momento.
o. Il treno per Milano parte dal _____ binario.
p. Per andare a scuola dobbiamo prendere il _____ autobus della mattina.
q. Quando vogliamo cucinare, per _____ cosa ci laviamo le mani.

Q15. *Leggi, pensa e segna.*

☺☺	Io so fare molto bene
☺	Io so fare bene
😐	Io so fare abbastanza bene
☹	non lo so ancora fare

IO SO...

		☺☺	☺	😐	☹
A	capire un'intervista sulla scuola e sulla descrizione di persone				
B	ricavare informazioni da un testo sulla nuova scuola				
C	fare domande sulla nuova scuola e rispondere				
P	raccontare esperienze scolastiche				
S	prendere appunti su interviste e scrivere brevi testi				

Il mondo è bello perché è vario

Q1. *Rileggi i testi dell'attività 3 del libro e completa la tabella.*

Nome/tipo	_____	_____
Caratteristiche	- è molto intelligente	- è svogliato e _____ _____ - _____
Rapporti con i compagni	- è odiato/amato - è messo in un angolo o _____ - tutti lo cercano prima delle interrogazioni e dei compiti in classe	- _____ - _____
Rapporti con i professori	- _____ - _____	- _____ - _____
Preferenze a scuola	- _____ - _____	- nessuna, non gli piace studiare
Preferenze fuori dalla scuola	- giocare a scacchi - suonare il pianoforte	- _____ - _____

Q2. *Completa la tabella con i tuoi dati.*

Che tipo sono a scuola	
Caratteristiche	
Rapporti con i compagni	
Rapporti con i professori	
Preferenze a scuola	
Preferenze fuori dalla scuola	

Q3. *Completa le frasi con gli aggettivi qualificativi della lista.*

divertente   intelligente   sorprendente   agili   tristi   negligenti   veloci   agile

a. Il cervellone della mia classe è molto _____.
b. Non sopporto di vedere i compagni della mia classe quando sono _____ perché hanno preso un brutto voto.
c. Mio fratello e io siamo piuttosto _____ e i miei brontolano sempre per farci studiare.
d. Martino salta come una cavalletta: è proprio _____.
e. Mi piacciono le persone come Marina e Sabrina che fanno i lavori rapidamente, che sono cioè _____.
f. Gli atleti agli anelli sono davvero _____.
g. Mario nella gara di sci è stato proprio _____: ha lasciato tutti a bocca aperta.
h. Ho riso molto, quell'attore era davvero _____.

Q4. *Completa le frasi, come nell'esempio.*

1. *Eva e Giuseppe non fanno mai i lavori di casa: sono davvero...*
2. Chi studia regolarmente è...
3. Il mio gatto salta sugli alberi con facilità: è...
4. Quando parli non pensi mai! Sei davvero...
5. Serena è molto svelta a capire le cose: è davvero...
6. Maria e Cristina pensano troppo poco a quello che dicono: sono...
7. La mia vicina di casa si veste con gusto: è davvero una persona...
8. Quando i miei vanno al concerto sono sempre...

a. superficiali.
b. eleganti.
c. diligente.
d. *negligenti.*
e. intelligente.
f. agile.
g. elegante.
h. superficiale.

Q5. *Leggi i testi e completa i messaggi.*

a Luigi, il cervellone della classe, riceve una e-mail da Carlo e Sergio, due compagni, che chiedono aiuto e spiegazioni per il tema in classe. Luigi risponde.

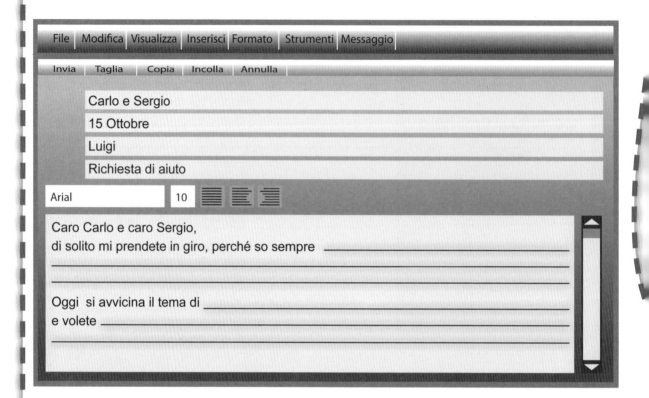

File | Modifica | Visualizza | Inserisci | Formato | Strumenti | Messaggio

Invia | Taglia | Copia | Incolla | Annulla

Carlo e Sergio

15 Ottobre

Luigi

Richiesta di aiuto

Arial | 10

Caro Carlo e caro Sergio,
di solito mi prendete in giro, perché so sempre _____
_____
_____

Oggi si avvicina il tema di _____
e volete _____
_____

b Chiara, una scansafatiche, è inserita in un lavoro di gruppo con Michela e Franca. Non ha voglia di fare la sua parte e non si presenta all'appuntamento. Michela e Franca le scrivono un SMS per convincerla a lavorare.

Perché non sei venuta
_____ ?
Vieni subito_____
Noi veniamo poi con te
_____
a_____
F. e M.

c Marco ha copiato il compito di Susi e le scrive un bigliettino per chiederle di non fare la spia.

Acqua in bocca! Non dire alla
_____
_____

In cambio del tuo silenzio ti offro
_____
_____
_____

Ciao 🙂
Marco

Q6. *Completa la tabella.*

Uso la scrittura in italiano per:	molto	abbastanza	poco	perché
scrivere messaggini (SMS)				
prendere appunti				
scrivere e-mail				
scrivere biglietti				
scrivere lettere				
fare esercizi a scuola				
scrivere cartoline				
compilare moduli				
comporre temi				
ricopiare testi				
comporre poesie				
tenere un diario				
(altro) _____				

Q7. *Leggi la lettera e completa la struttura con gli elementi della lista.*

CONCLUSIONE   SVOLGIMENTO   FIRMA   LUOGO E DATA   FORMULA DI CHIUSURA

POST SCRIPTUM   FORMULA D'APERTURA   INTRODUZIONE

TESTO	STRUTTURA
Ancona, 2 settembre	1.
Cara Giuseppina,	2.
tutto bene? So che sei stata in vacanza dai nonni: ti sei divertita?	3.
Io ho passato davvero un bel periodo con i miei amici. Ci siamo incontrati al campo sportivo tutti i giorni. Ho visto anche Marco. Sai che ho un debole per lui. È proprio carino con quei capelli sparati in aria. Per non parlare poi dei suoi maglioni supercolorati!	4.
Mi piacerebbe tanto che tu venissi a trovarmi. Potresti passare con me un finesettimana. Spero di rivederti presto ☺ .	5.
Ciao	6.
Martina	7.
PS: Ricordati di restituirmi il CD.	8.

Q8. *Rileggi la lettera nell'esercizio **Q7** e scrivi la risposta di Giuseppina.*

_____
_____
_____
_____
_____
_____
_____

Q9. *Completa la lettera.*

_____ , _____

| | LUOGO E DATA |

Caro/a _____ .

| | APERTURA |

come stai? Sei già tornato/a anche tu a scuola? Io ho già iniziato da 15 giorni a lavorare sodo in una scuola piena di ragazzi e ragazze simpatici. Nella mia classe ci sono dei tipi molto interessanti. Uno di loro si chiama _____. Ora te lo descrivo.

INTRODUZIONE

_____
_____
_____

SVOLGIMENTO

Anche nella tua classe ci sono dei tipi così interessanti? Aspetto una tua lettera: scrivimi presto!

CONCLUSIONE

   Ciao, _____

CHIUSURA

     _____

FIRMA

PS: Fra poco ci rivedremo! I nostri genitori stanno pensando alle prossime vacanze insieme.

POST SCRIPTUM

Q10. *Completa la lettera.*

_____ , _____

LUOGO E DATA

Caro/a _____ .

APERTURA

come va?
_____
_____
_____
_____

INTRODUZIONE

SVOLGIMENTO

CONCLUSIONE

Ora ti lascio, devo fare i compiti.
_____

CHIUSURA

FIRMA

PS. Scrivi presto!

POST SCRIPTUM

Q11. *Scrivi una lettera e descrivi alcuni "tipi da scuola".*

TESTO	STRUTTURA
	LUOGO E DATA
	FORMULA DI APERTURA
	INTRODUZIONE
	SVOLGIMENTO
	CONCLUSIONE
	FORMULA DI CHIUSURA
	FIRMA
	POST SCRIPTUM

Q12. *Scrivi una lettera a un amico e descrivi la persona che preferisci in classe.*

Q13. *Completa la struttura delle cartoline con gli elementi della lista.*

LUOGO E DATA   NOME E COGNOME   BREVE COMUNICAZIONE

INDIRIZZO   FIRMA   CODICE POSTALE + CITTÀ O PAESE   SALUTI

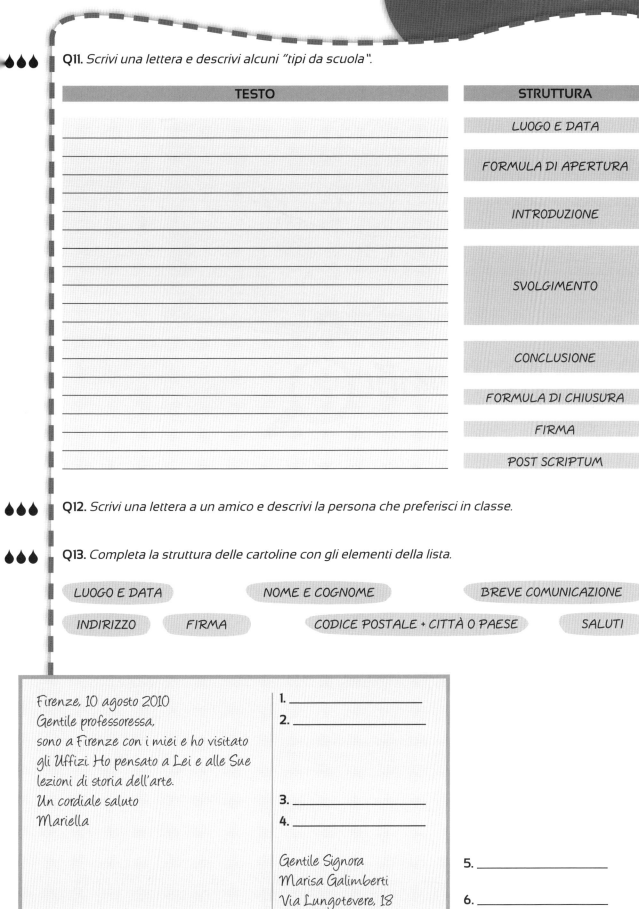

Firenze, 10 agosto 2010
Gentile professoressa,
sono a Firenze con i miei e ho visitato
gli Uffizi. Ho pensato a Lei e alle Sue
lezioni di storia dell'arte.
Un cordiale saluto
Mariella

Gentile Signora
Marisa Galimberti
Via Lungotevere, 18
00153 ROMA

1. _____
2. _____

3. _____
4. _____

5. _____

6. _____
7. _____

Q14. *Scrivi una cartolina di saluti dal luogo delle tue vacanze.*

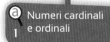
Numeri cardinali e ordinali

Grammatic@

Scegli la risposta giusta.

Le parole **ventesimo**, **quarantaseiesimo**, **cinquantunesimo** indicano:

○ i numeri per fare calcoli.
○ la posizione, l'ordine di qualcuno, di qualcosa in una gara o in un elenco (lista).
○ le somme e le sottrazioni.

Questi numeri, per questa ragione, si chiamano or_ _ _ali.

Osserva e completa.

12° / 12ª = dodic-esimo/dodic-esima
20° / 20ª = vent-esimo/vent-esima

Dopo **decimo** i numeri ordinali si formano nel modo seguente:
si toglie la vocale finale e si aggiunge ai numeri **undici**, **dodici**, **tredici**, **venti**, **cinquanta**, ecc.
la desinenza -_____.

Attenzione!

33ª / 33° = trentatreesima/trentatreesimo

Q15. *Trascrivi in lettere i seguenti ordinali, come nell'esempio.*

45°	quarantacinquesimo	58ª	_____
72ª	settantaduesima	25°	_____
54ª	_____	100ª	_____
88°	_____	38°	_____
102°	_____	43°	_____
47ª	_____	68ª	_____
68°	_____	94°	_____
23ª	_____		

Q16. *Abbina i tipi di testo alle loro caratteristiche. Scopri la parola nascosta.*

TIPI DI TESTO	CARATTERISTICHE
1. SMS **2.** e-mail **3.** biglietto **4.** lettera **5.** cartolina illustrata	**N** testo breve e sintetico **G** brevi frasi e simboli per scrivere più velocemente **E** messaggio generalmente breve, che può avere anche immagini, animazioni, sottofondi musicali **I** testo più o meno lungo, strutturato in varie parti, alcune obbligatorie **O** messaggio generalmente breve, con un'immagine

Q17. *Abbina le icone al loro significato.*

ICONA	SIGNIFICATO
a. :-) **b.** :-(**c.** ;-) **d.** O:-) **e.** :-O **f.** :-* **g.** :-x **h.** :'(	**1.** lacrima **2.** bocca cucita/Sta' zitto! **3.** Sono felice. **4.** Sono triste. **5.** angelo **6.** WOW! **7.** bacio **8.** occhiolino

Q18. *Leggi, pensa e segna.*

😊😊	Io so fare molto bene
😊	Io so fare bene
😐	Io so fare abbastanza bene
😞	non lo so ancora fare

IO SO...

		😊😊	😊	😐	😞
A	comprendere la descrizione del carattere di una ragazza/un ragazzo				
B	comprendere brevi testi che parlano di caratteri				
C	confrontarmi su caratteristiche scolastiche				
P	descrivere compagni di scuola				
S	scrivere brevi lettere e messaggi				

strada facendo

Q1. *Rileggi il testo dell'attività **2** del libro e scrivi i nomi sotto ai disegni. Poi numerali secondo l'ordine in cui Carlo li memorizza.*

_____ _____ _____ _____ _____

_____ _____ _____ _____

Q2. *Rileggi il testo dell'attività **2** del libro e scegli la risposta.*

1. Carlo va a trovare il cugino perché	⬭ **a.** è un anno che non lo vede. ⬭ **b.** ha 3 giorni di vacanza. ⬭ **c.** vuole vedere la sua casa.

2. Carlo viaggia in	⬭ **a.** treno. ⬭ **b.** macchina. ⬭ **c.** autobus.

3. Carlo esce con Alberto per	⬭ **a.** cercare un giornalaio. ⬭ **b.** conoscere Perugia. ⬭ **c.** accompagnarlo a scuola.

4. Alberto è preoccupato perché	⬭ **a.** non ha fatto i compiti. ⬭ **b.** Carlo si può annoiare. ⬭ **c.** Carlo non conosce la strada.

5. Chi ha insegnato a Carlo a non perdersi è	⬭ **a.** la mamma. ⬭ **b.** il papà. ⬭ **c.** lo zio.

6. Carlo ha imparato a	⬭ **a.** camminare. ⬭ **b.** chiedere informazioni. ⬭ **c.** osservare.

Q3. *Completa il testo con le parole della lista.*

| fare | ritrovo | trovare | ritorno | torte | facciata |

| cugino | vacanza | vetrina | facendo |

Carlo vive a Milano. Nella sua città le scuole sono chiuse per tre giorni di _____. Carlo va a trovare suo _____ Alberto a Perugia.

Carlo vuole accompagnarlo a scuola per fare un piccolo giro per Perugia.

La mattina escono, ma Alberto è preoccupato: come farà Carlo a _____ la strada per tornare a casa?

"Stai tranquillo - gli risponde Carlo - io so come _____. Ogni tanto, strada _____, guardo qualcosa che mi piace e cerco di ricordarmela. Poi, al ritorno, _____ la strada". Così Carlo e Alberto osservano la _____ di una grande chiesa, la porta di una vecchia casa, una porta piccola bianca e blu, la _____ di un panificio con: panini di tutte le forme, biscotti e _____.

Alberto è sicuro che Carlo al _____ trova facilmente la strada.

Grammatic@

Osserva e completa.

Alberto vede **un** cancello, **un** albero, **uno** steccato, **una** chiesa e **un'**automobile.

Singolare maschile
Davanti alle parole che cominciano con una **consonante** uso l'articolo ____ (____ *cancello*).
Davanti alle parole che cominciano con una **vocale** uso l'articolo ____ (____ *albero*). Davanti alle parole che cominciano con una **s+consonante:** *sb, sc, sd, sp, st, sq; gn, ps, pn, y, x, z* uso l'articolo ____ (____ *steccato*).

Singolare femminile
Davanti alle parole che cominciano con una **consonante** uso l'articolo ____ (____ *chiesa*).
Davanti alle parole che cominciano con una **vocale** uso l'articolo ____ (____ *automobile*).

Q4. *Inserisci i nomi al posto giusto, come nell'esempio.*

| città | chiesa | **letto** | panificio | casa | steccato | treno | cancello |

| scuola | macchina | strada | fiume | insegna | stazione | semaforo | mela |

| scarponcino | yogurt | zainetto | edificio | aranciata | incrocio | corda | cellulare |

un	uno	una	un'
letto			

Q5. *Rileggi l'attività **2** del libro e segna se le affermazioni sono vere (V) o false (F), come nell'esempio.*

	V	F
a. Carlo arriva da Firenze.		X
b. Carlo si sveglia tardi al mattino.		
c. Carlo indica l'insegna di un negozio di scarpe.		
d. Alberto e Carlo vedono una grande chiesa.		
e. Alberto e Carlo vedono una porta piccola, bianca e blu.		
f. Alberto ha capito che in ogni tragitto si vedono cose particolari.		

Q6. *Riguarda le affermazioni dell'esercizio **Q5** e correggi quelle false, come nell'esempio.*

a. *Carlo arriva da Milano.*

_____

_____

Q7. *Scrivi su un foglio il tragitto che fai da casa a scuola.*

Q8. *Se cancelli nella tabella i mezzi di trasporto, gli articoli femminili, i negozi, i parenti e i tipi di case trovi una frase nascosta. Scrivila sulla riga.*

la	scusi,	farmacia	auto	zio
fioraio	villa	dove	condominio	ferramenta
posso	nipote	le	aereo	fratello
palazzo	tram	un'	trovare	madre
treno	grattacielo	libreria	figlio	il
nonna	una	parco	bicicletta	macelleria

_____?

Q9. *Prepara un esercizio simile all'esercizio **Q8** da proporre in classe.*

Q10. *Scegli la coppia corretta per ogni riga, come nell'esempio. Se segui la via giusta arrivi nella città dove si trova la Bocca della Verità.*

albero/alberi	albero/albere	albero/albera
macchina/macchini	macchina/macchine	macchina/macchinii
semaforo/semafore	semaforo/semafora	semaforo/semafori
mano/mani	mano/mane	mano/manii
moto/moti	moto/moto	moto/mote
insegna/insegne	insegna/insegni	insegna/insegnu
panificio/panifice	panificio/panifici	panificio/panificee

↓   ↓   ↓

Firenze   **Roma**   **Napoli**

Q11. *Metti in ordine le parole e ricostruisci le frasi, come nell'esempio.*

a. giro/il/ponte/Attraverso/e/a/destra ___*Attraverso il ponte e giro a destra*___.

b. arrivo/e/scale/Salgo/corsa/di/le_____.

c. sinistra/Lì/a/giro_____.

d. nonni/Come/sono/pranzo/a/mercoledì/ogni/dai _____.

e. Alle/fiori/finestre/vasi/rossi/ci/di/sono _____.

Presente dei verbi regolari in -ere e -ire
Verbo *capire*

Grammatic@

Osserva e completa la tabella.

> **Vedo** un semaforo. **Vedi** l'insegna di quel negozio.
> **Proseguo** per la strada. **Proseguono** e **vedono** la vetrina di un panificio.
> **Capisci** la spiegazione. **Capite** le regole del gioco.

	ved-ere		prosegu-ire
Io	ved-____		prosegu-____
Tu	ved-____		prosegu-i
Lei/Lui	ved-**e**		prosegu-**e**
Noi	ved-**iamo**		prosegu-**iamo**
Voi	ved-**ete**		prosegu-**ite**
Loro	ved-____		prosegu-____

	cap-ire
Io	cap-**isco**
Tu	cap-____
Lei/Lui	cap-**isce**
Noi	cap-**iamo**
Voi	cap-____
Loro	cap-**iscono**

Q12. *Completa le frasi con i verbi tra parentesi, come nell'esempio.*

a. Voi (*proseguire*) ____*proseguite*____ per via Sassari.

b. Il vento (*muovere*) _____ il semaforo.

c. Mio fratello (*prendere*) _____ la prima strada a destra.

d. Noi (*partire*) _____ per Milano.

e. Tu (*chiedere*) _____ un'informazione al vigile.

f. Io (*seguire*) _____ le tue indicazioni.

g. Mio fratello (*mettere*) _____ nello zainetto lo yogurt

h. Io non (*capire*) _____ niente quando parla il professore di matematica.

Q13. *Completa le frasi con i verbi tra parentesi, come nell'esempio.*

a. Loro (*perdere*) ____*perdono*____ il giornalino

b. Voi (*vedere*) _____ gli amici.

c. I giornalini (*cadere*) _____ per terra.

d. I professori (*chiedere*) _____ i compiti.

e. Noi (*sentire*) _____ i compagni che giocano.

f. Loro (*proseguire*) _____ dritto.

g. Voi (*perdere*) _____ lo zainetto.

h. Sara (*capire*) _____ bene lo spagnolo.

Grammatic@

Osserva e completa la tabella.

	andare	fare	uscire	stare
Io	vado	faccio	_____	sto
Tu	_____	_____	esci	stai
Lei/Lui	_____	fa	_____	_____
Noi	andiamo	_____	usciamo	_____
Voi	_____	fate	_____	_____
Loro	_____	_____	escono	stanno

Q14. *Completa le frasi con i verbi tra parentesi, come nell'esempio.*

a. Carlo (*andare*) _____*va*_____ al cinema tutte le domeniche.
b. Alberto (*uscire*) _____ di casa alle 7 del mattino.
c. Io (*uscire*) _____ per andare in palestra.
d. Il mercato (*stare*) _____ vicino alla stazione.
e. Per andare al lavoro Bruno (*fare*) _____ la strada a piedi.
f. Stefano (*uscire*) _____ da scuola alle due.
g. (*Fare*) _____ io le domande al vigile.

Q15. *Scrivi le frasi dell'esercizio* **Q14** *al plurale, come nell'esempio.*

a. Carlo va al cinema tutte le domeniche. ⟶ Loro ___*vanno al cinema tutte le domeniche*___
b. _____. ⟶ _____.
c. _____. ⟶ _____.
d. _____. ⟶ _____.
e. _____. ⟶ _____.
f. _____. ⟶ _____.
g. _____. ⟶ _____.

Q16. *Osserva la piantina della città e leggi le indicazioni. Segna quella corretta.*

IL NEGOZIO DI_
IL CINEMA
LA SCUOLA
IL MERCATO
IL RISTORANTE
LA STAZIONE DEI TRENI
IL CAMPO SPORTIVO
LA FERMATA DELL'AUTOBUS
PARTENZA
LA PALESTRA

A Vai dritto e all'incrocio gira a sinistra. Prosegui dritto, all'incrocio gira a destra e continua sempre dritto. Quasi alla fine della strada trovi il ristorante.

B Vai dritto fino all'incrocio, poi gira a destra. Al primo incrocio gira a sinistra. Prosegui dritto e trovi la palestra.

C Vai dritto fino all'incrocio, poi gira a sinistra e prosegui fino all'incrocio. Gira a sinistra, continua sempre dritto per circa 50 metri e trovi il campo sportivo.

Q17. *La tua compagna vuole fare i compiti con te. Non è mai stata a casa tua. Le mandi un sms con il percorso, come nell'esempio.*

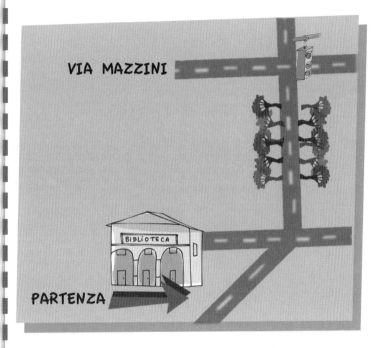

VIA MAZZINI

BIBLIOTECA

PARTENZA

Vai fino all'incrocio e prosegui dritto lungo il viale alberato che devi percorrere fino al primo semaforo. Lì gira a sinistra in via Mazzini. Al numero dieci abito io.

Q18. *Leggi, pensa e segna.*

☺☺	Io so fare molto bene
☺	Io so fare bene
😐	Io so fare abbastanza bene
☹	non lo so ancora fare

IO SO...

		☺☺	☺	😐	☹
A	capire un dialogo su informazioni stradali tra un ragazzo e un vigile				
L	cercare informazioni e abbinare descrizioni di luoghi a immagini				
C	dare e ricevere informazioni stradali				
P	descrivere quello che vedo per la strada				
S	descrivere percorsi stradali				

Attaccare bottone

Q1. *Ricostruisci le frasi, come nell'esempio.*

1. Mi hai colpito
2. Ti ho urtato
3. Ho conosciuto
4. Mi ha fatto
5. Ho comprato
6. Sono arrivata
7. Sono caduta

a. un ragazzo.
b. *con il pallone.*
c. un complimento.
d. durante l'ora di ginnastica.
e. con lo zainetto.
f. un gelato.
g. a scuola alle otto in punto due giorni fa.

Q2. *Completa le tabelle.*

	urtare	conoscere	colpire
Io	ho urtato	_____ conosciuto	ho _____
Tu	_____ _____	hai conosciuto	_____ colpito
Lei/Lui	_____ _____	_____ _____	ha _____
Noi	abbiamo _____	_____ conosciuto	_____ _____
Voi	avete _____	_____ _____	_____ colpito
Loro	_____ urtato	hanno _____	_____ _____

	andare	cadere	uscire
Io	sono andata / _____	sono _____ / caduto	_____ uscita / uscito
Tu	sei _____ / andato	sei caduta / _____	_____ uscita / uscito
Lei/Lui	è _____ / andato	è _____ / caduto	_____ uscita / uscito
Noi	siamo andate / _____	siamo _____ / caduti	_____ uscite / usciti
Voi	siete _____ / andati	siete cadute / _____	_____ uscite / usciti
Loro	sono andate / _____	sono _____ / caduti	_____ uscite / usciti

ⓐ Passato prossimo
1

Grammatic@

Completa la regola del passato prossimo.

Il passato prossimo indica azioni _____.
Il passato prossimo è un **tempo composto**, cioè è formato dal verbo *avere* o _____
(= ausiliare) e dal **participio passato** del verbo principale.
Il participio passato dei verbi in **-are** prende il suffisso **-ato**.
Il participio passato dei verbi in **-ere** prende il suffisso -___.
Il participio passato dei verbi in **-ire** prende il suffisso -___.

Con l'ausiliare essere, i **participi passati** cambiano come gli aggettivi: prendono il suffisso *-a* per il femminile singolare, prendono il suffisso -___ per il femminile plurale, prendono il suffisso -___ per il maschile singolare, prendono il suffisso *-i* per il maschile plurale.

Q3. *Trova i participi passati nell'onda, come nell'esempio.*

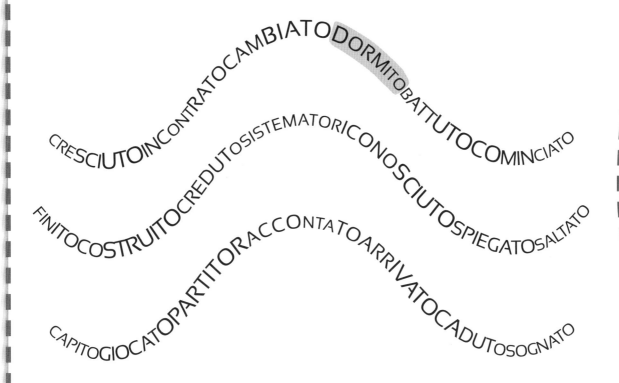

CRESCIUTOINCONTRATOCAMBIATODORMITOBATTUTOCOMINCIATO
CREDUTOSISTEMATORICONOSCIUTOSPIEGATOSALTATO
FINITOCOSTRUITO
CAPITOGIOCATOPARTITORACCONTATOARRIVATOCADUTOSOGNATO

Q4. *Completa le frasi con i participi passati trovati nell'esercizio **Q3**, come nell'esempio.*

a. Ero stanco morto e ho ____*dormito*____ benissimo tutta la notte.

b. Alfredo è _____ 5 cm in altezza!

c. Avete _____ il lavoro due ore fa. A che punto siete?

d. I bambini hanno _____ un castello di Lego, poi l'hanno smontato e hanno _____ i mattoncini nella scatola.

e. Hai _____ la tua amica al parco?

f. Voi avete _____ una bella bugia, ma nessuno vi ha _____!

g. Abbiamo _____ una bellissima partita, ma gli altri ci hanno _____ lo stesso.

h. Hai _____ gli esercizi? Quanto ti manca?

i. L'ho visto allo stadio ma non l'ho _____. È così _____.

l. Il treno è _____ puntuale ma è _____ in ritardo.

m. L'insegnante ha _____ una regola nuova, ma molti non hanno _____.

n. Luca ha _____ un muro di due metri ma è _____ male.

o. Ma cosa dici? Tu hai _____, le cose non stanno così.

Q5. *Completa i mini dialoghi coniugando i verbi tra parentesi, come nell'esempio.*

A
- Cosa ti (*raccontare*) *ha raccontato* Giacomo?
- Che (*dimenticare*) _____ l'appuntamento, ma io non ci (*credere*) _____.

B
- (*Voi sapere*) _____ la novità?
- No, quale?
- Lilli (*litigare*) _____ con Mario!
- Ma perché?
- Nessuno lo (*capire*) _____

C
- (*Tu finire*) _____ i compiti per domani?
- Certo, (*studiare*) _____ due capitoli di storia e (*compilare*) _____ la tabella.

D
- Come (*tu conoscere*) _____ Vittorio?
- Franco me lo (*presentare*) _____ e (*noi chiacchierare*) _____ molto!

E
- Paolo (*lavorare*) _____ tanto, e cosa (*ricevere*) _____?
- (*Ricevere*) _____ i complimenti da tutti!

Q6. *Completa le frasi, come nell'esempio.*

a. Oggi mangio un gelato al pistacchio, ieri *ho mangiato* un gelato al cioccolato!
b. Oggi Davide litiga con Maria, ieri lui ___ _____ con Michele.
c. Oggi Marisa riceve un passaggio da Gianni, ieri lei ___ _____ un passaggio da Franca.
d. Oggi Vito studia con Laura, ieri ___ _____ con Stefano.
e. Oggi incontro Marina in città, ieri ___ _____ Carmelo in montagna.
f. Oggi vedo alcuni amici di Luigi, ieri ___ _____ alcuni amici di Lucia.
g. Oggi Rita dimentica proprio tutto, ieri non ___ _____ niente.
h. Oggi attacchi bottone con Stefano, ieri ___ _____ bottone con la signora Pina.
i. Oggi parlo di scuola, ieri ___ _____ di vacanze.

Q7. *Completa il dialogo con le battute a destra.*

- Ehi, che bella tavola!
- _____

- Allora, è un regalo di Natale?
_____

- Davvero? E quanti anni hai?
- _____

- 14.
- _____

- No, abito qui a Cortina. Tu invece?
- _____

- Mestre? Dov'è?
- _____

- Ah... Ma vai bene con lo snowboard?
- _____

- Vuoi provare a venire sulla pista nera?
- _____

- A proposito, io sono Fabio.
- _____

a. Io Mirella.

b. Grazie! Mi hanno appena regalato questo snowboard!

c. Vicino a Venezia.

d. Natale più compleanno! Sono nata il 23 dicembre.

e. Sei qui in montagna in vacanza?

f. 12. E tu?

g. OK. Proviamo!

h. Vengo da Mestre.

i. Sì, abbastanza.

Grammatic@

Completa la tabella e la regola.

Articolo determinativo+nome	Complimento con "Che bello!"
Il colpo	Che bel colpo!
___ snowboard	Che bello snowboard!
___ tavola	Che bella tavola!
L'auto	Che _____ auto!
___ quaderni	Che _____ quaderni!
___ sci	Che begli sci!
Le scarpe	Che _____ scarpe!

Bello davanti a un nome si comporta come l'_____ determinativo.

Q8. *Completa il dialogo con le battute a destra.*

- Ciao!
  - _____
- Che belle scarpe da ginnastica! Sono nuove?
  - _____
- E dove? Qui non le ho viste in giro.
  - _____
- Come mai eri a Verona?
  - _____
- Hai visto delle cose belle?
  - _____
- Cosa hai comprato?
  - _____
- Beh, complimenti. Ah, io sono Claudio, 1C.
  - _____
- Adesso vado, ciao!
  - _____

a. A Verona.

b. Sono andato a Gardaland e poi abbiamo visitato la città.

c. Sì, c'erano dei negozi splendidi!

d. Io mi chiamo Luca, sono in 1F.

e. Ciao.

f. Sì, le ho comprate tre giorni fa.

g. Queste scarpe e anche due magliette.

h. Ciao, ci vediamo.

Q9. *Completa le frasi con l'aggettivo dimostrativo* **quello**, *come nell'esempio.*

a. Ti ricordi ___quella___ canzone?
b. Hai ancora _____ CD che ti avevo prestato?
c. Avete visto _____ portone bianco e blu?
d. Non capisco _____ ragazze.
e. _____ alunni sono simpatici!
f. Non voglio andare in _____ città!
g. Mi dai _____ quaderno?
h. Per favore, chiudi la porta di _____ stanza!
i. Di chi è _____ zainetto?
l. _____ giorni di vacanza all'Elba sono stati bellissimi!
m. Conosci _____ ragazzi di Teramo?
n. Sono tue _____ penne sotto il banco?
o. _____ edificio è nuovo.
p. Attenzione! _____ auto passa con il rosso!
q. _____ incrocio è pericoloso
r. _____ nuova insegna luminosa è molto grande.
s. Prendi _____ arance, sono molto buone!
t. Raccogliete da terra tutte _____ carte.

Q10. *Usa gli aggettivi dimostrativi* **questo** *e* **quello**, *come nell'esempio.*

a. la palla → *questa palla / quella palla*

b. il vestito → _____

c. la colla → _____

d. l'ombrello → _____

e. le materie → _____

f. gli stivali → _____

g. i giochi → _____

h. lo scherzo → _____

i. l'aranciata → _____

l. le scarpe → _____

m. i pantaloni → _____

n. la musica → _____

o. il bar → _____

p. i panini → _____

q. gli edifici → _____

Q11. *Leggi i complimenti e scrivi l'articolo determinativo e il nome, come nell'esempio.*

a. Che bella tavola! → *la tavola*

b. Che begli occhi! → *gli occhi*

c. Che bel berretto! → _____

d. Che belle calze! → _____

e. Che bell'orologio! → _____

f. Che bella giacca! → _____

g. Che bei guanti! → _____

h. Che bella collana! → _____

i. Che begli occhiali! → _____

l. Che bello stereo! → _____

m. Che bel CD! → _____

n. Che bella maglietta! → _____

o. Che bell'ombrello! → _____

p. Che belle matite! → _____

q. Che bei pantaloni! → _____

r. Che bel maglione! → _____

s. Che bello zainetto! → _____

t. Che begli scarponi! → _____

Q12. *Completa con le forme dell'aggettivo bello, come nell'esempio.*

1. Che _____*begli*_____ occhi!

2. Che _____ idea!

3. Che _____ quaderni!

4. Che _____ scherzo!

5. Che _____ sci!

6. Che _____ scarpe!

7. Che _____ giacca!

8. Che _____ astucci!

9. Che _____ motorino!

10. Che _____ amici!

11. Che _____ mele!

12. Che _____ giochi!

13. Che _____ film!

14. Che _____ orologio!

15. Che _____ disegno!

16. Che _____ zainetto!

17. Che _____ uva!

18. Che _____ automobili!

19. Che _____ libro!

20. Che _____ casa!

21. Che _____ pennarelli!

22. Che _____ bicicletta!

23. Che _____ scuola!

Q13. *Scrivi i complementi, come nell'esempio.*

a. l'astuccio → *Che bell'astuccio!*
b il lavoro → *Che bel lavoro!*
c. il disegno → _____
d. la poesia → _____
e. l'insalata → _____
f. i pantaloni → _____
g. il maglione → _____
h. gli stivali → _____

i. il casco → _____
l. lo zainetto → _____
m. i fiori → _____
n. le arance → _____
o. lo skateboard → _____
p. l'esame → _____
q. i ragazzi → _____
r. le ragazze → _____

Q14. *Con le parole della lista scrivi dei minidialoghi con i complimenti e le risposte, come nell'esempio.*

1 regalo
• *Che bel regalo, grazie!*
■ *Sono contento che ti piaccia!*

2 sci
• *Che begli sci! Sono nuovi?*
■ *Sì, sono un regalo di compleanno.*

3 DVD
• _____
■ _____

4 sciarpa
• _____
■ _____

5 film
• _____
■ _____

6 canzone
• _____
■ _____

7 tuta
• _____
■ _____

8 videogiochi
• _____
■ _____

9 programma
• _____
■ _____

Q15. *Leggi, pensa e segna.*

😊😊	lo so fare molto bene
😊	lo so fare bene
😐	lo so fare abbastanza bene
☹️	non lo so ancora fare

IO SO...

		😊😊	😊	😐	☹️
A	capire brevi conversazioni fra ragazzi che fanno conoscenza				
b	comprendere alcuni copioni di brevi dialoghi				
C	iniziare una conversazione e fare complimenti				
P	formare frasi partendo da un'immagine				
S	scrivere brevi pagine di diario e copioni per dialoghi				

Il buon giorno si vede dal mattino

Q1. *Completa il testo con le parole della lista.*

mangio   mi   gomme   mi   bicicletta   Giulio   treno

bagno   Trento   colazione   bevo

Mi chiamo _____ Rossetti, ho 38 anni, lavoro alla Uniroyal in zona industriale a _____. Faccio il gommista. Riparo e monto _____ di tutti i tipi, per camion, automobili e motociclette. Abito a Rovereto e ogni giorno vado a Trento in _____.

Mi sveglio alle 6.20, mi alzo, _____ stiracchio, guardo fuori dalla finestra e vado in _____, mi lavo, mi asciugo, vado in cucina e mi preparo qualcosa per _____. Di solito la mattina non _____ molto. Però un caffè, lo _____ sempre. Poi _____ vesto e verso le 7.15 esco di casa. Vado in _____ alla stazione di Rovereto e aspetto il regionale delle 7.35 per Trento.

ⓐ 1 Presente dei verbi riflessivi

Grammatic@

*Osserva le frasi seguenti: cosa c'è di particolare nei verbi **evidenziati**? Metti una crocetta sull'affermazione giusta e completa la regola.*

vado alla stazione	non mangio molto	mi alzo
riparo gomme di tutti i tipi	mi lavo	mi preparo
vado a Trento in treno	mi sveglio	mi vesto

I verbi sono coniugati in tempi diversi. ◯
Alcuni verbi sono al singolare, altri al plurale. ◯
Tutti i verbi evidenziati hanno *mi*. ◯

Quando i verbi *lavo, sveglio, alzo, preparo* sono preceduti da _____ sono **verbi riflessivi**.

Completa la tabella.

	alzarsi	mettersi	vestirsi
Io	_____ alz-_____	mi mett-o	mi vest-o
Tu	ti alz-i	_____ mett-i	ti vest-_____
Lei/Lui	si alz-_____	_____ mett-e	_____ vest-e
Noi	_____ alz-iamo	ci mett-_____	_____ vest-iamo
Voi	_____ alz-ate	_____ mett-ete	vi vest-_____
Loro	si alz-_____	_____ mett-ono	_____ vest-ono

Q2. Completa le frasi con i pronomi della lista, come nell'esempio.

mi ti si ci vi si

a. Noi _ci_ sediamo in prima fila.
b. Mia sorella _____ guarda allo specchio e dice: "Cosa _____ metto oggi?".
c. Voi _____ divertite molto in discoteca?
d. Irene in vacanza _____ sveglia sempre tardi perché la sera esce e poi non _____ addormenta mai prima di mezzanotte.
e. A Natale _____ scambiamo i regali sotto l'albero.
f. I ragazzi _____ scusano con la professoressa perché non hanno fatto il compito.
g. Io _____ arrabbio molto se mi prendono in giro!
h. Tu _____ lavi i denti anche dopo la merenda?
i. Voi _____ ricordate dove avete messo gli zaini?
l. Alla sera _____ preparo lo zaino per il giorno dopo, altrimenti _____ dimentico sempre qualcosa.
m. Ludovico _____ alza e _____ siede continuamente, non riesce a stare fermo!

Q3. Forma correttamente le frasi, come nell'esempio.

1. Ogni giorno mi
2. Mia sorella si
3. Domani ci
4. I miei amici si
5. E voi, vi
6. Anche tu ti
7. Io sui capelli mi
8. Mio padre si

a. prepari lo zaino la mattina?
b. metto il gel.
c. veste e si fa la barba in 5 minuti.
d. alzo alle 7 meno 10.
e. trucca già, e la tua?
f. svegliamo presto per andare in gita.
g. lavate i denti dopo colazione?
h. divertono molto nel viaggio in treno.

Q4. Completa le frasi con le azioni di Marta dell'attività **5** del libro, come nell'esempio.

Verbo	Completamento della frase
Lavoro	in centro.
Mi preparo	un caffè.
	la segretaria.
	al computer.
	al telefono.
	le pratiche.
	verso le sette.
	un po' a letto.
	a quello che devo fare.
	in bagno.
	le scarpe.
	di casa.

Q5. *Scrivi almeno altre cinque azioni che Marta fa prima di uscire di casa, come nell'esempio.*

Marta beve il caffè. _____

_____

_____

_____

_____

_____

Q6. *Rileggi l'attività **5** del libro e segna se le affermazioni sono vere (V) o false (F), come nell'esempio.*

	V	F
a. Marta lavora in periferia.		X
b. Marta fa la maestra.		
c. Marta di solito si sveglia verso le sette.		
d. La signora Adami va in cucina e si fa un caffè.		
e. Marta, prima di pettinarsi, si trucca.		
f. Marta esce di casa verso le otto e mezzo		

Q7. *Completa le frasi con il verbo **alzarsi**, come nell'esempio.*

a. Tu _____ti alzi_____ verso le sette.

b. Voi a che ora _____ per andare a lavorare?

c. Noi _____ presto perché dobbiamo prendere l'autobus.

d. Valeria, tu quando _____?

e. Durante la settimana io _____ alle 7, la domenica dormo fino alle 11.

f. I miei genitori _____ dopo di me!

Q8. *Completa le frasi con il verbo **mettersi**, come nell'esempio.*

a. Io _____mi metto_____ la giacca rossa.

b. Voi _____ la sciarpa e il berretto.

c. Noi nella nostra fabbrica _____ la tuta.

d. "Marta, cosa _____ per andare in ufficio?".

e. Oggi Alessandro e Mauro _____ la tuta perché devono fare ginnastica..

f. Roberto _____ spesso la maglia verde.

Q9. *Completa le frasi con il verbo **vestirsi**, come nell'esempio.*

a. Lui _____si veste_____ in fretta.

b. Alle 7 Stefano _____ velocemente in bagno.

c. Il figlio della signora Sandra _____ in fretta perché è sempre in ritardo.

d. Io invece _____ con calma.

e. Giulio _____ in modo sportivo.

f. Mia sorella _____ sempre di rosso.

Q10. *Completa le frasi con il verbo* **divertirsi**, *come nell'esempio.*

a. Al cinema Luigi _____*si diverte*_____ molto.

b. Loro non _____ a fare i pendolari.

c. In treno io e i miei amici _____ moltissimo.

d. Al bar Marta _____ perché ha molti amici.

e. Tu _____ molto al ristorante.

f. Alle feste scolastiche io _____ sempre.

g. Il signor Rossetti _____ a giocare a carte con i suoi amici del bar.

Q11. *Leggi quello che dice Sandra. Segna se le affermazioni sotto sono vere (V) o false (F), come nell'esempio.*

IO E MIO MARITO STEFANO LAVORIAMO IN UN RISTORANTE. LUI SI OCCUPA DELLA CUCINA, IO INVECE SONO ALLA CASSA. MIO MARITO FA DA MANGIARE, IO APPARECCHIO I TAVOLI, PREPARO I CONTI, LE RICEVUTE FISCALI E INCASSO I SOLDI. DI SOLITO MIO MARITO E IO CI SVEGLIAMO, O MEGLIO, CI SVEGLIA IL SUONO DELLA SVEGLIA VERSO LE 7 MENO UN QUARTO. CI ALZIAMO SUBITO. IO POI SVEGLIO I FIGLI. UNO SI ALZA SUBITO, L'ALTRO INVECE È UN VERO DORMIGLIONE. MENTRE MIO MARITO VA IN BAGNO E I MIEI FIGLI SI ALZANO, IO MI FACCIO UN CAFFÈ E POI PREPARO LA COLAZIONE PER TUTTI. ABBIAMO UN BAGNO SOLO E COSÌ CI TOCCA FARE I TURNI. INTANTO MANGIO QUALCOSA DA SOLA. POI VENGONO TUTTI A FARE COLAZIONE E COSÌ IO HO IL BAGNO LIBERO. MI VESTO E MI PREPARO PER USCIRE. USCIAMO INSIEME AI RAGAZZI ALLE 7 E TRE QUARTI.

	V	F
a. Sandra e Stefano lavorano in un bar.		X
b. Al ristorante Sandra sta alla cassa.		
c. Di solito Sandra e Stefano si svegliano alle sei e tre quarti.		
d. A uno dei loro tre figli piace dormire.		
e. Sandra e Stefano fanno colazione a letto.		
f. Mentre Stefano è in bagno, Sandra si prepara un caffè.		
g. Prima escono di casa i ragazzi e poi i genitori.		
h. Tutti escono di casa insieme alle 9.00.		

Q12. *Elenca le azioni che fai la mattina e quelle che fa un'altra persona.*

Le mie azioni	Le azioni di...

Q13. *Intervista alcune persone e completa la tabella con i tuoi appunti. Poi scrivi delle frasi, come nell'esempio.*

Luciano si sveglia alle 7.10. A colazione mangia un panino con una tazza di caffellatte. Di solito esce alle 8:00.

Nome	Ora della sveglia	Cibi e bevande a colazione	Ora di uscita da casa
Luciano	7.10	caffellatte/panino	8:00

_____
_____
_____
_____
_____
_____
_____
_____
_____
_____
_____
_____

Q14. *Completa la tabella seguendo la traccia.*

Traccia	Testo
Nome	Mi chiamo....
Ora della sveglia	La mattina mi sveglio...
Prima azione	
Seconda azione	
Terza azione	
Ora della colazione	
Ora di uscita da casa	

Q15. *Completa il testo con i verbi della lista, come nell'esempio.*

| corro | mangio | faccio | **mi sveglio** | spengo | prendo |

| mi pettino | bevo | mi lavo | vado | resto | mi alzo | mi lavo |

Alla mattina __mi sveglio__ sempre 5 minuti prima che suoni la sveglia. La _____ e
_____ a letto ancora qualche minuto. Poi _____, _____ in bagno e
_____ la faccia. _____ colazione in cucina, da solo: _____ una fetta di torta
che ha fatto mia nonna o dei biscotti e _____ un succo o una cioccolata. Poi _____
i denti, (non _____ mai!), _____ lo zaino e _____ alla fermata dell'autobus,
dove mi aspettano i miei amici.

Q16. *Forma sei frasi, come nell'esempio.*

Quando?	Pronome riflessivo	Verbo	Come?
Dopo cena	ti	addormentano	con la luce accesa.
Al mattino	si	addormentiamo	*guardando la TV.*
Qualche volta	si	*addormento*	di colpo.
Ogni sera	*mi*	addormenta	lentamente.
Durante la pausa pranzo	ci	addormenti	ascoltando musica.
Durante il viaggio	vi	addormentate	leggendo il giornale.

Q17. *Forma sei frasi, come nell'esempio.*

In quale occasione?	Pronome riflessivo	Verbo	Dove?
Durante la lezione	si	siedo	*in prima fila.*
Durante il lavoro	*vi*	sediamo	in mezzo ai miei amici.
Durante il viaggio in treno	si	siedi	accanto a suo fratello.
Durante il pranzo	mi	*sedete*	vicino alla finestra.
Durante la festa dell'ufficio	ci	siede	vicino alla porta.
Durante la proiezione del film	ti	siedono	nell'ultima fila.

Q18. *Forma sei frasi, come nell'esempio.*

Quando?	Pronome riflessivo	Verbo	Come?
La mattina	*ti*	vestite	in modo sportivo.
Alla domenica	vi	vesto	in modo elegante.
Tutti i giorni	mi	vestono	in modo speciale.
Per una festa	si	*vesti*	con calma.
A scuola	ci	veste	*velocemente.*
Di sera	si	vestiamo	in modo tradizionale.

Q19. *Ivano e Bastiano fanno sempre uno il contrario dell'altro. Completa le frasi con i verbi della lista, come nell'esempio.*

| addormentarsi | divertirsi | fermarsi | innervosirsi | sedersi |

| mettersi | vestirsi | sporcarsi | tuffarsi |

a. Quando al mattino Ivano si sveglia, allora Bastiano ___si addormenta___.
b. Quando Ivano si alza da tavola, allora Bastiano _____.
c. Quando Ivano si mette il cappello, Bastiano _____ il berretto.
d. Quando Ivano si lava, Bastiano naturalmente _____!
e. Quando Ivano a scuola si annoia, puoi scommetterci che allora Bastiano _____.
f. Quando alla sera Ivano si sveste, Bastiano invece _____.
g. Se Alberto si calma e resta tranquillo, allora Bastiano _____.
h. Quando Alberto si muove, Bastiano _____.
i. In vacanza, quando Alberto vuole arrampicarsi sulle rocce, allora stai sicuro che Bastiano vuole _____ in mare!
È per questo che tutti lo chiamano Bastian Contrario!

Q20. *Completa il testo con le espressioni della lista.*

| poi | quindi | per prima cosa | la sera prima | infine | dopo la colazione | dopo alcuni minuti |

Al mattino Isabella _____ si alza dal letto e va in bagno. Si fa la doccia,
_____ si asciuga i capelli, _____ si trucca un po'.
_____ va in cucina e fa colazione. _____ si lava i denti e si veste.
_____ prende lo zaino che ha preparato _____ e corre alla fermata
dell'autobus.

Q21. *Leggi, pensa e segna.*

😊😊	Io so fare molto bene
😊	Io so fare bene
😐	Io so fare abbastanza bene
😞	non lo so ancora fare

IO SO...

		😊😊	😊	😐	😞
A	capire quale lavoro fanno alcune persone e cosa fanno la mattina prima di uscire di casa				
B	cercare informazioni in semplici testi su azioni quotidiane				
C	fare domande sulle azioni del mattino e rispondere				
D	raccontare quello che faccio la mattina				
S	prendere appunti durante un'intervista e scrivere un breve testo sulle azioni del mattino				

Avere sempre una scusa pronta

Q1. *Completa le frasi con le parole della lista.*

capitolo   sparecchiare   dormire   promette   aiutare

alzo   lavastoviglie   ascolta   uscire   scusa

a. Luca può _____ la tavola.
b. Fede deve _____ la sua amica.
c. La mamma mette tutto nella _____.
d. Giovanni legge un _____ del libro.
e. Gianni e Franco non vogliono _____.
f. Luca _____ alla mamma di sparecchiare la tavola il giorno dopo.
g. Mio cugino _____ spesso la radio.
h. Devo andare a riposare altrimenti domani non mi _____.
i. Mia sorella ha sempre una _____ pronta.
l. La signora Pina deve _____ per andare al supermercato.

Q2. *Abbina le situazioni alle scuse più adatte, come nell'esempio.*

Situazioni	Scuse
1. *Lavare l'automobile di mamma.*	a. L'ultima volta l'ho fatto io, ora tocca a Sandra.
2. Portare fuori il cane.	b. Durante la digestione il cervello non funziona bene!
3. Caricare la lavastoviglie.	c. Ma non posso sciare! Mi fa male un piede.
4. Fare i compiti subito dopo pranzo.	d. Ci siamo già stati domenica scorsa non possiamo andarci tra due settimane?
5. Andare in montagna con i genitori.	e. Ma domani è festa! Posso dormire fino a tardi.
6. Passare la domenica dai nonni.	f. Ho già un po' di mal di testa. Con quel baccano mi scoppia!
7. Andare a fare la spesa.	g. Ma mi fanno male le braccia! Non posso portare le buste!
8. Badare al fratellino/alla sorellina.	h. *Sono raffreddata/o, se esco mi viene la febbre.*
9. Passare l'aspirapolvere.	i. Ma perché non lo/la porti con te? Sai che sarebbe felice!
10. Andare a letto presto.	l. Ma no! Lui è più contento quando lo porta Sandra!

Q3. *Riordina le frasi di scuse e scrivile nei fumetti.*

| all'allenamento | adesso | andare | dopo. | devo | di calcio. | faccio | Lo |

a

| scorsa. | settimana | l'ho | la settimana | a te, | Riccardo; | Questa | fatto | tocca | io |

b

RICCARDO

| studiare. | c'è | Adesso | di matematica | non | e devo | il compito | posso, | domani |

c

| alle 10.30. | alzato | La mamma | mi ha | posso | promesso | fino | restare | che |

d

Q4. *Leggi i minidialoghi e completa la tabella, come nell'esempio.*

a • Roberta, aiuta tuo fratello a studiare le tabelline!
■ Papà, lo sai che odio disegnare!

b • Alessandro, sparecchia la tavola!
■ Ma mamma, l'ho già fatto ieri. Oggi tocca a Francesca!

c • Ragazzi, fate gli esercizi 23 e 24 a pagina 147.
■ Professore, non posso. Ho lasciato il libro a casa.

d • Per favore Giulia, porta giù il sacco dell'immondizia.
■ Ma l'ascensore non funziona, papà!

e • Rudi, hai dimenticato il nostro accordo? Devi portare fuori il cane!
■ Ma piove, nonno!

f • Rileggete il testo a pagina 73 e completate la tabella!
■ Professoressa, ho male agli occhi!

g • Alice, raccogli la biancheria asciutta!
■ Ma, zia, ho le mani sporche!

h • Ludovico, pulisci la lettiera del gatto!
■ L'ho appena pulita, papà!

i • Ragazzi, raccogliete tutte le cartacce dal pavimento!
■ Ma professore, siamo stanchi! Abbiamo fatto educazione fisica!

Minidialogo	Chi fa la richiesta?	A chi fa la richiesta?	Che cosa chiede?
a	il papà	a Roberta	di aiutare il fratello a studiare le tabelline
b			
c			
d			
e			
f			
g			
h			
i			

Q5. *Rileggi i minidialoghi dell'esercizio* **Q4** *e scrivi le frasi nella tabella al posto giusto (scuse accettabili o scuse non accettabili). Poi, per ogni scusa non accettabile, scrivi un'alternativa valida, come nell'esempio.*

Minidialogo	Scuse accettabili	Scuse non accettabili
a	Papà, lo sai che odio la matematica!	Papà, lo sai che odio disegnare!
b	L'ho già fatto ieri. Oggi tocca a Francesca.	
c		
d		
e		
f		
g		
h		
i		

ⓐ Doppia negazione
1

Grammatic@

Osserva e completa la regola.

A casa **non** sparecchio **mai** la tavola.
In classe **non** c'è **nessuno** dei miei compagni di quinta.
Luca **non** vuole mettere **niente** nella lavastoviglie.

Cosa compare nelle frasi che hanno **mai, niente, nessuno,** prima di queste espressioni negative?
- ○ L'avverbio **non**.
- ○ La preposizione **non**.
- ○ Il verbo **non**.

Prima delle tre espressioni negative, in queste frasi compare ogni volta l'avverbio _____.
Nelle frasi negative con **mai, niente, nessuno** va aggiunto quindi ogni volta, l'_____ **non**.

Q6. *Metti in ordine le parole e ricostruisci le frasi, come nell'esempio.*

a. a/mai/tennis/Non/gioco <u>Non gioco mai a tennis</u>.
b. Prima/di/ascolto/dormire/niente,/musica/leggo/non _____.
c. nessuno/suona/Giulio/strumento/non _____.
d. mio/mai/prende/padre/non/il/caffè/Dopo/cena _____.
e. facciamo/per/non/niente/carnevale/Quest'/anno _____.
f. nessuno/Chiara/pratica/sport/non _____.

Q7. *Completa le frasi con l'avverbio* **non** *e con* **mai, niente, nessuno/a.**

a. Per uscire di casa, oggi, _____ ho _____ scusa.

b. _____ ho _____ voglia di invitare Francesca alla festa di compleanno.

c. Luisa _____ riconosce _____ che Marta è brava.

d. Di queste regole di matematica _____ capisco _____.

e. _____ c'è _____ da fare, non sai cucinare!

f. Da un po' di tempo, la domenica, _____ facciamo _____ gite in montagna.

g. Il pomeriggio _____ c'è _____ che mi dà una mano a fare i compiti.

h. _____ capisci proprio _____?

Q8. *Indica nella tabella quali lavori di casa fai regolarmente, quali non fai, quali fai solo ogni tanto.*

I lavori di casa	regolarmente	ogni tanto	mai
cucinare			
curare l'orto			
apparecchiare/sparecchiare			
preparare la colazione			
fare la spesa			
lavare i piatti			
asciugare piatti e bicchieri			
caricare la lavastoviglie			
pulire la tavola e il fornello			
sistemare i piatti puliti			
lavare il pavimento			
pulire i vetri			
lavare il bagno			
caricare la lavatrice			
stendere la biancheria			
stirare la biancheria			
spolverare i mobili			
passare l'aspirapolvere			
mettere in ordine la propria stanza			
rifare il letto			
andare a prendere la legna			
bagnare le piante			
buttare la spazzatura			
stare attenti ai fratellini più piccoli			
portare a spasso il cane			
dare da mangiare agli animali			
tagliare l'erba in giardino			

Q9. *Dai un aiuto in casa? Segna con una crocetta quello che fai, poi scopri che tipo sei.*

○ **a.** Lavo tutti i giorni i piatti.
○ **b.** Sparecchio quasi sempre la tavola.
○ **c.** Spesso porto a spasso il cane.

○ **a.** Qualche volta passo l'aspirapolvere.
○ **b.** Tengo in ordine la mia stanza.
○ **c.** Rifaccio quasi sempre il letto.

○ **a.** Non carico mai la lavatrice.
○ **b.** Non pulisco mai il fornello.
○ **c.** In casa non mi piace fare niente.

Che tipo sei?

Se le risposte sono in prevalenza:
a. sei collaborativo e attento agli altri.
b. sei convinto che non ci si deve stancare troppo.
c. pensi soprattutto a te stesso.

Q10. *Guarda la tabella che hai compilato nell'esercizio* **Q8** *e scrivi quali lavori non fai mai. Usa la doppia negazione con* **mai, niente, nessuno**, *come nell'esempio.*

curare l'orto	Non curo mai l'orto./A casa mia l'orto non lo cura nessuno. Nell'orto, d'inverno, non c'è niente da fare.

Q11. *Leggi, pensa e segna.*

😊😊	lo so fare molto bene
😊	lo so fare bene
😐	lo so fare abbastanza bene
☹	non lo so ancora fare

IO SO...

		😊😊	😊	😐	☹
A	capire alcune scuse per non fare qualcosa				
B	comprendere brevi descrizioni di situazioni quotidiane				
C	interpretare situazioni con richieste e scuse				
P	inventare scuse				
S	scrivere una scusa per non fare qualcosa				

Qui ci vuole una regola

Q1. *Abbina le immagini alle sanzioni e completa con le regole non rispettate.*

 AL CAMPO DA CALCIO

 A SCUOLA

 IN BIBLIOTECA

AL PARCO NATURALE

REGISTRO DI CLASSE

Durante il cambio degli insegnanti alla fine dell'ora, l'intera classe corre e schiamazza nei corridoi.

Il libro da lei chiesto in prestito doveva essere riconsegnato 15 giorni fa.

La responsabile della Biblioteca comunale

VIETATO RACCOGLIERE FUNGHI

Non fare chiasso durante il cambio delle ore!

Non raccogliere funghi!

Restituire il libro entro due settimane!

Non trattenere per la maglia un giocatore!

Sanzione	Regola non rispettata
____ richiamo per mancata restituzione di un libro →	_____
____ cartellino rosso →	_____
____ multa guardia forestale →	_____
____ nota disciplinare →	_____

Q2. *Scrivi altre sanzioni e le corrispondenti regole non rispettate.*

Sanzione	Regola non rispettata

Q3. *Leggi le regole per il bagnante e abbinale ai disegni.*

Le regole del bagnante

1. Non recare disturbo alla quiete, non portare animali, non accendere fuochi e non montare tende sulla spiaggia.
2. Non entrare in acqua quando è esposta la bandiera rossa (= mare mosso, venti forti, correnti forti, acqua molto fredda).
3. Lasciare passare almeno tre ore dall'ultimo pasto prima di fare il bagno.
4. Entrare gradualmente in acqua dopo una lunga esposizione al sole.
5. Evitare di fare il bagno in acque profonde se non si sa nuotare.
6. Rivolgersi al bagnino per qualsiasi informazione.

Q4. *Abbina i disegni alle frasi, come nell'esempio.*

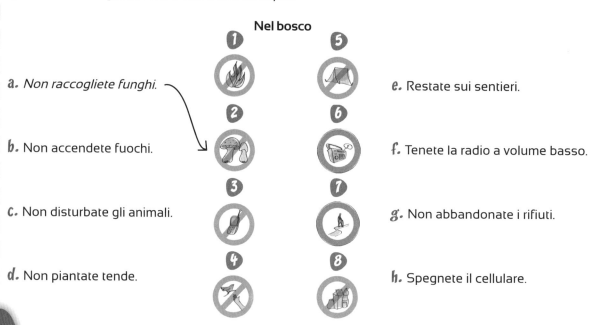

Nel bosco

a. *Non raccogliete funghi.*

b. Non accendete fuochi.

c. Non disturbate gli animali.

d. Non piantate tende.

e. Restate sui sentieri.

f. Tenete la radio a volume basso.

g. Non abbandonate i rifiuti.

h. Spegnete il cellulare.

Q5. *Trasforma i divieti in proposte positive, come nell'esempio.*

Divieto	Proposta
Non rovinate la natura.	*Rispettate la natura!*
Non abbandonate i rifiuti.	
Non raccogliete fiori.	
Non fate rumori forti.	
Non disturbate gli animali.	
Non calpestate l'erba.	
Non campeggiate nel parco.	
Non gettate sigarette accese.	
Non raccogliete funghi o bacche.	

Presente dei verbi *dovere, potere* **e** *volere*

Grammatic@

Completa la tabella.

	dovere	potere	volere
Io	devo	posso	voglio
Tu	_____	puoi	vuoi
Lei/Lui	deve	può	_____
Noi	_____	_____	vogliamo
Voi	dovete	_____	_____
Loro	_____	possono	_____

Imperativo informale affermativo e negativo

Osserva e completa la tabella.

Prendi l'appuntamento!
Non prendere la mia bici!
Parti dopo la lezione!

Buttate le carte nel cestino!
Non buttate i libri per terra!
Partite in orario!

	butt-are	prend-ere	part-ire
Tu	butta!	_____!	_____!
Voi	_____!	prendete!	_____!
Tu	non buttare!	_____!	non partire!
Voi	_____!	non prendete!	non partite!

Q6. *Riscrivi il regolamento della piscina, come nell'esempio.*

a. È obbligatorio indossare la cuffia.
Si deve indossare la cuffia.

b. Non è possibile mangiare sul piano vasca e negli spogliatoi.
Non si può mangiare sul piano vasca e negli spogliatoi.

c. È obbligatorio rispettare il divieto di fumo all'interno dell'impianto.
_____

d. È possibile accedere agli spogliatoi solo se muniti di copri scarpe.
_____

e. È possibile entrare esclusivamente con ciabatte pulite.
_____

f. È possibile chiudere l'armadietto con il proprio lucchetto.
_____

g. Non è possibile giocare a pallone in vasca.
_____

h. È obbligatorio avere l'autorizzazione di un istruttore per fare i tuffi.
_____

i. È possibile frequentare la piscina sotto i 14 anni solo se accompagnati da un adulto.
_____

l. Non è possibile usare shampoo e saponi in piano vasca.
_____

m. È obbligatorio fare la doccia prima di entrare nella vasca.
_____

n. È obbligatorio restituire la chiave dell'armadietto all'uscita.
_____

Q7. *Completa con il verbo **potere**, come nell'esempio.*

a. Laura _____*può*_____ uscire con gli amici, perché io no?

b. (Noi) Oggi non _____ venire all'allenamento.

c. (Voi) _____ aiutarmi a studiare storia?

d. Serena, _____ sederti vicino alla tua amica.

e. La signora Rocchi _____ accomodarsi in prima fila.

f. (Io) _____ uscire a prendere un fazzoletto di carta?

g. Claudio _____ salire in macchina con noi.

h. Vittorio e Renato _____ fermarsi a dormire da noi.

i. Tommaso, _____ spostarti? Non vedo niente!

Q8. *Completa con il verbo **dovere**, come nell'esempio.*

a. (Tu) _____*Devi*_____ smetterla di dire bugie!

b. I ragazzi della I F per punizione _____ restare in classe durante l'intervallo.

c. Non ho capito cosa _____ fare.

d. Rosa _____ rispettare il regolamento della piscina.

e. (Voi) _____ preparare una cena per i vostri amici.

f. Ecco, siamo qua! Cosa _____ fare?

g. Anna, _____ rimettere in ordine la tua camera.

h. (Voi) _____ assolutamente ascoltare l'annuncio all'altoparlante!

i. Se vuole uscire, Luciano _____ prima finire i compiti.

Q9. *Completa i testi con i verbi **dovere** o **potere**, come nell'esempio.*

a Gianni vive in Italia. _____*Deve*_____ alzarsi alle 6.30 perché alle 7.30 _____ prendere l'autobus. A scuola _____ scrivere, _____ ascoltare, _____ alzare la mano per parlare. Lui e i suoi compagni non _____ litigare e _____ rispettare le regole. Quando torna a casa _____ mangiare tutto quello che c'è, poi _____ fare i compiti. Spesso _____ anche aiutare i fratellini. Qualche volta _____ dare un aiuto in casa. Non _____ giocare troppo con il computer. Alla sera non _____ guardare la TV fino a tardi, ma _____ andare a letto.

b Assef vive in Africa centrale. Si alza con il buio, per andare a scuola _____ fare a piedi oltre 15 chilometri. In classe lui e gli altri ragazzi più grandi _____ stare seduti a terra, perché non ci sono abbastanza sedie e banchi per tutti. Quando torna a casa a metà pomeriggio, spesso _____ ancora mangiare. Non _____ studiare perché _____ prendere l'acqua al pozzo o raccogliere legna. Qualche volta _____ giocare con gli amici, con una palla di stracci. Nessuno di loro _____ comprare giocattoli, se li _____ costruire da soli.

Q10. *Completa le frasi con **dovere** o **potere**, come nell'esempio.*

a. Lei si può sedere davanti, invece voi due _____*dovete*_____ restare lì.

b. Questo pomeriggio io _____ andare dal dentista, non _____ venire al corso di cucina.

c. Vera e Roberto non _____ fermarsi a cena, _____ ripartire subito.

d. Perché solo io _____ restare a casa, mentre tutti _____ andare a divertirsi?

e. Quanto manca per arrivare a quel sentiero? (Noi) _____ fare una sosta o _____ camminare ancora?

f. (Voi) _____ fare meno chiasso, per favore? Io domani _____ alzarmi presto!

g. Sergio non _____ venire a giocare, prima _____ fare i compiti.

h. Annalisa e Gabriella _____ capire che non _____ fare tutto quello che vogliono se vogliono uscire!

i. Alex non _____ aiutare il papà in cucina perché _____ studiare.

Q11. *Scrivi delle regole per le situazioni seguenti, come nell'esempio.*

è vietato
è proibito

è permesso
è consentito

a. Sui sentieri del parco non si può andare in motorino.
Sui sentieri del parco è proibito andare in motorino.

b. Gli animali non possono entrare nel negozio.
_____

c. Non si può passeggiare sulla pista da sci.
_____

d. Senza il casco non si può salire sulla torre panoramica.
_____

e. Non si può andare in bici sulla superstrada.
_____

f. Non si può uscire dalla pista segnata.
_____

g. Si può andare in motorino solo con il permesso del Comune.
_____

h. I cani possono entrare, ma solo al guinzaglio.
_____

i. Si può salire sull'autobus solo con il biglietto.
_____

Q12. *Leggi le regole e abbinale ai luoghi.*

| ① | ② | ③ | ④ | ⑤ | ⑥ | ⑦ |

IN BIBLIOTECA   AL MUSEO   IN CHIESA   AI GIARDINI PUBBLICI   ALLO STADIO   IN TRENO O SULL'AUTOBUS   AL CINEMA

a. Possiamo stare in piedi o seduti.
Dobbiamo pagare il biglietto.
Possiamo ascoltare musica con l'auricolare.

e. Possiamo mangiare popcorn.
Non possiamo saltare.
Dobbiamo restare seduti.

b. Non possiamo entrare in pantaloncini corti.
Dobbiamo parlare sottovoce.
Possiamo fare foto.

f. Possiamo giocare a pallone.
Possiamo mangiare e bere.
Non dobbiamo calpestare i fiori.

c. Non possiamo portare alcolici.
Possiamo fare i cori.
Possiamo fare il tifo e urlare.

g. Possiamo prendere in prestito un CD.
Dobbiamo restare in silenzio e parlare a bassa voce.
Possiamo collegarci a Internet.

d. Non possiamo fare foto.
Possiamo guardare le opere d'arte da vicino.
Non possiamo correre.

Q13. *Completa le frasi con i verbi all'imperativo, come nell'esempio.*

a. *(Leggere/tu)* _____Leggi_____ il testo di pagina 12.

b. Ragazzi, adesso *(ascoltare)* _____ le istruzioni del professore.

c. Non *(mettere/voi)* _____ in disordine la casa!

d. Non *(aprire/tu)* _____ la finestra!

e. Francesca, *(prendere)* _____ lo zaino di tuo fratello!

f. Vai al supermercato e *(comprare)* _____ la carne.

g. Guido, non *(spendere)* _____ tutti i soldi subito!

Q14. *Leggi, pensa e segna.*

IO SO...

☺☺	Io so fare molto bene
☺	Io so fare bene
😐	Io so fare abbastanza bene
☹	non lo so ancora fare

		☺☺	☺	😐	☹
A	comprendere un regolamento				
B	ricavare informazioni da regolamenti e istruzioni				
C	interpretare scenette su permessi, richieste e divieti				
P	elencare permessi e divieti				
S	scrivere regole e ricette				

Ogni cosa al suo posto

Q1. *Trova le parole nell'onda, come nell'esempio. Tra una parola e l'altra c'è una lettera in più. Scrivi le lettere rimaste e scopri la frase.*

ATLANTEOVASSOIOGMENSOLENTESTIERAIANTECLIBRERIAO

SCAFFALESCASSETTIERAASEDIAAARMADIOLCOPRILETTOSPARETEU

COMODINOOANGOLOPTAPPETOOSCRIVANIAS

LAMPADATCAMERAOTERMOSIFONE

_____

Q2. *Scrivi le parole dell'esercizio Q1 con l'articolo determinativo, come nell'esempio.*

l'atlante, _____
_____
_____
_____
_____

Q3. *Inserisci le parole nello schema, secondo la loro lunghezza, come nell'esempio.*

Parole di 4 lettere: LATO
Parole di 5 lettere: COTTO, LEGNO, PORTA, SCURI
Parole di 6 lettere: PARETE, POSTER, QUADRO
Parole di 8 lettere: FINESTRA, *POLTRONA*, SCAFFALE, *SOPPALCO*
Parole di 9 lettere: PAVIMENTO
Parole di 10 lettere: LAMPADARIO, PIASTRELLE, *TAPPARELLE*
Parole di 11 lettere: *CASSETTIERA*

IL SOPPALCO

IL POSTER

LA TAPPARELLA

GLI SCURI

LE PIASTRELLE

IL LETTO

IL QUADRO

Q4. *Fai il cruciverba.*

Orizzontali →

2. È comoda per sedersi.
8. Mobile con cassetti.
10. Muro interno della casa.
11. Si apre per cambiare l'aria.
12. Si abbassano per fare ombra.
13. È destro o sinistro, il foglio ne ha due.
14. Dipinto per abbellire una stanza.
15. Manifesto per abbellire una stanza.
16. Un piano costruito in una stanza molto alta.

Verticali ↓

1. Materiale naturale di costruzione.
2. In bagno sono di ceramica.
3. Materiale per pavimenti.
4. Si apre per entrare.
5. Qualche volta è coperto da tappeti.
6. Se sono chiusi, la stanza è buia.
7. Fa luce nella stanza.
9. Ripiano per libri e altri oggetti.

Q5. *Ricomponi le frasi, come nell'esempio.*

1. *Per avere la mia tranquillità mi hanno creato*
2. Il letto è appoggiato
3. Mi piace fare un intervallo e mi preparo
4. Vado matto
5. Mi piace molto trascorrere
6. Amo sfogliare l'atlante
7. Leggo beato
8. Basta tirare le tende per separarlo

a. un panino imbottito.
b. per i fumetti.
c. il mio tempo libero con le amiche.
d. dal resto della stanza.
e. e sognare di viaggiare.
f. *un angolo tutto mio.*
g. alla parete che fa angolo.
h. i miei libri preferiti.

Q6. *Ricomponi le frasi, come nell'esempio.*

1. *Cristian al pomeriggio fa merenda e mangia*
2. Lucia è golosa e va matta
3. A noi in vacanza piace trascorrere
4. Basta chiudere la porta per separare la mia camera
5. Quando mamma va dalla parrucchiera sfoglia sempre
6. Nel bosco ho costruito una capanna: mi sono creato
7. I due tavoli sono appoggiati
8. Anna legge felice

a. le riviste.
b. un posto tutto mio.
c. *un panino con la nutella.*
d. per il cioccolato!
e. alla parete in fondo.
f. il tempo leggendo libri e fumetti.
g. il romanzo della biblioteca.
h. dal resto del mondo.

Q7. *Ogni oggetto ha delle qualità, ma una non va bene. Cerchia la parola intrusa,, come nell'esempio.*

Oggetti	Qualità
luce	accesa / spenta / azzurra / lunga
armadio	a tre ante / guardaroba / ripiegabile / angolare
sedia	volante / imbottita / girevole / regolabile
camera	accogliente / calda / appoggiata / luminosa
pavimento	di legno / in cotto / di moquette / di carta
letto	a vela / a castello / matrimoniale / singolo
lampada	a stelo / alogena / da tavolo / a dondolo

Q8. *Abbina i verbi della lista alle parole, come nell'esempio.*

 1 abbassare   2 fare   3 aprire   4 appendere   5 bere

 6 arredare 7 tirare 8 riordinare 9 spegnere

a. ___2___ → le pulizie / una pausa / i compiti
b. _____ → le candeline sulla torta / la luce in camera / la tv
c. _____ → un quadro alla parete / i poster sopra il letto / la giacca nell'armadio
d. _____ → il volume della radio / le tapparelle, se c'è sole / la voce
e. _____ → una cioccolata calda / dalla bottiglia / una bibita
f. _____ → la finestra / il primo cassetto in alto / il libro a pag.139
g. _____ → la tenda / palle di neve / la corda
h. _____ → la nuova cameretta / con l'aiuto di un amico / con mobili moderni
i. _____ → la stanza in disordine / l'armadio / il cassetto

◆◆◆ **Q9.** *Scrivi una frase per ogni gruppo di parole dell'esercizio Q8, come nell'esempio.*

a. <u>Faccio subito i compiti.</u>

b. _____

c. _____

d. _____

e. _____

f. _____

g. _____

h. _____

i. _____

◆◆ **Q10.** *Descrivi con 5 frasi l'angolo preferito nella tua camera.*

1. _____

2. _____

3. _____

4. _____

5. _____

◆◆◆ **Q11.** *Leggi le due descrizioni. Poi scegli quella in cui si capisce in parte il carattere di una persona.*

A
Sedia per ufficio imbottita, dotata di schienale ergonomico e munita di braccioli, regolabile in altezza. Base in metallo a 5 raggi con rotelle. Disponibile in 4 colori.

B
Ho finalmente una sedia nuova: è blu, il mio colore preferito. Ha le rotelle, così mi posso spostare comodamente e velocemente per la stanza. È imbottita, ha i braccioli, sembra quasi una poltrona. Così è più piacevole stare alla scrivania a fare i compiti. Ci sto seduta anche ad ascoltare musica o a disegnare.

◆◆◆ **Q12.** *Rileggi i testi dell'esercizio Q11 e completa le frasi.*

La descrizione **A** si usa in
○ un dépliant e un catalogo.
○ una poesia.
○ una lettera a una persona amica.

La descrizione **B** si usa in
○ un dépliant e un catalogo.
○ una poesia.
○ una lettera a una persona amica.

Futuro semplice
dei verbi regolari
in -are, -ere, -ire
Futuro semplice
di essere e avere

Grammatic@

Osserva e completa la regola e le tabelle.

Ecco come **arrederò** la mia stanza.

Usiamo il futuro per esprimere
- ○ intenzioni e progetti futuri.
- ○ fatti accaduti.
- ○ azioni del momento.

- Che ore sono?
- **Saranno** le 6. = probabilmente sono le 6.

Usiamo il futuro per indicare
- ○ una cosa probabile.
- ○ la richiesta di un permesso.
- ○ un avvenimento passato.

	trovare	*prendere*	*sentire*
Io	trov-**erò**	prend-**erò**	sent-**irò**
Tu	trov-_____	prend-_____	sent-_____
Lei/Lui	trov-**erà**	prend-_____	sent-**irà**
Noi	trov-_____	prend-**eremo**	sent-_____
Voi	trov-**erete**	prend-_____	sent-**irete**
Loro	trov-_____	prend-**eranno**	sent-_____

	essere	*avere*
Io	sar-**ò**	avr-**ò**
Tu	sar-_____	avr-_____
Lei/Lui	sar-**à**	avr-_____
Noi	sar-_____	avr-**emo**
Voi	sar-**ete**	avr-_____
Loro	sar-_____	avr-**anno**

	cercare	*pagare*
Io	cerch-_____	pagh-**erò**
Tu	cerch-_____	pagh-**erai**
Lei/Lui	cerch-**erà**	pagh-_____
Noi	cerch-_____	pagh-**eremo**
Voi	cerch-**erete**	pagh-_____
Loro	cerch-_____	pagh-**eranno**

Attenzione!

I verbi in **-care** e **-gare** prendono l'**h** per mantenere il suono duro.

Q13. *Completa le frasi con il futuro dei verbi tra parentesi, come nell'esempio.*

a. *(Mandare/tu)* _____Manderai_____ dei messaggi, quando sarai arrivato a Roma.

b. Non *(credere/voi)* _____ a tutto quello che racconta Luisa?

c. Tutto era meraviglioso, *(tornare/noi)* _____ sicuramente in questo posto!

d. Domani *(giocare/lui)* _____ a carte nella stanza di Christian.

e. La signora Lina, *(prendere)* _____ quel copriletto che le piace tanto.

f. Domani *(sentire/loro)* _____ dai loro genitori se potranno arredare la loro stanza come vogliono.

g. Abbiamo promesso ai nonni che gli *(scrivere)* _____ una cartolina dal mare.

h. Alla fine del mese i miei genitori *(pagare)* _____ i mobili nuovi.

i. Non *(dimenticare/noi)* _____ mai la merenda fatta a casa di Gabriele!

l. *(Amare/io)* _____ sempre la mia cameretta.

m. Vedrai che il libro ti *(piacere)* _____ moltissimo!

n. Ho mal di pancia! Non *(mangiare)* _____ più tanti panini imbottiti!

Q14. *Completa le frasi con i verbi della lista.*

sarò · avrai · avrete · sarai · avrà · avranno · saremo · sarete · avremo · avrò

a. *(Noi)* Chissà se _____ soddisfatti dell'armadio nuovo!

b. *(Tu)* Quando _____ il tappeto della nonna?

c. *(Voi)* _____ anche ragione, ma non potete comportarvi in questo modo!

d. Quando _____ 18 anni, i miei mi regaleranno dei mobili nuovi per la mia camera.

e. Quando _____ a casa, vi preparerete una cioccolata o un tè!

f. Se Luigi non lavora, non _____ mai i soldi per comprarsi il computer e la scrivania.

g. *(Io)* Domani a quest'ora _____ già a letto.

h. Se _____ paziente, ti preparerò la merenda.

i. Martina e Simona _____ voglia di studiare con noi?

l. *(Noi)* Finalmente _____ un lampadario nuovo.

Q15. *Forma almeno 10 frasi, come nell'esempio.*

Luisa e Cesare			il quaderno alla professoressa, lei controllerà gli esercizi.
Non → dir	-emo		uno scherzo a Mattia, si arrabbierà molto.
Se far	-ai		una mano? Questo lavoro è davvero troppo faticoso per noi!
Quando lui star	-ò		un viaggio insieme.
Ci dar	-ete		più bugie! Non ne vale la pena...
Finalmente	-anno		fermi, forse la foto riesce bene!
	-à		tutta la verità, allora capiremo.
			in pace nella nostra baita in montagna!

1. *Non dirò più bugie! Non ne vale la pena ...*
2. _____
3. _____
4. _____
5. _____
6. _____
7. _____
8. _____
9. _____
10. _____

Q16. *Trasforma le frasi al futuro, come nell'esempio.*

a. Gioco con te!
Giocherò con te!

b. Sicuramente Carla si dimentica di comprare i fumetti.
_____

c. Le rondini volano davanti alla mia finestra.
_____

d. Vi porto un dolce e le bibite per la festa di domani.
_____

e. Tu e Maria cercate dei poster per la vostra camera.
_____

f. Domenica la nostra amica gioca con noi.
_____

g. Se lavoro in casa, guadagno la paghetta.
_____

h. Questa sera restiamo in casa e guardiamo la TV.
_____

i. Lui cerca di sapere a che ora parte Mario.
_____

l. Cosa succede se ti comporti ancora così?
_____

m. A che ora finisce il film?
_____

n. Quando compio gli anni offro una merenda a tutti i miei compagni.
_____

o. Cosa gli racconti quando arriva?
_____

p. Il romanzo vi piace di sicuro!
_____

Q17. *Completa le frasi con i tuoi progetti. Usa il tempo futuro, come nell'esempio.*

a. Quando avrò la nuova camera, *comprerò un bel tappeto* .

b. Quando arriverà l'estate, _____.

c. Quando avrò la scrivania nuova, _____.

d. Quando andrò a dormire da Federica, _____.

e. Quando riceverò il computer nuovo, _____.

f. Quando avrò abbastanza soldi, _____.

g. Quando andremo a trovare i parenti, _____.

@2 Futuro semplice di alcuni verbi irregolari

Grammatic@

Completa le tabelle.

	fare	dare	dire
Io	farò	_____	dirò
Tu	farai	_____	_____
Lei/Lui	farà	_____	dirà
Noi	_____	daremo	_____
Voi	farete	_____	direte
Loro	_____	daranno	_____

	stare	andare	potere
Io	starò	andrò	potrò
Tu	starai	_____	_____
Lei/Lui	starà	_____	potrà
Noi	_____	andremo	_____
Voi	starete	_____	potrete
Loro	_____	andranno	_____

	venire	volere	bere
Io	verrò	vorrò	_____
Tu	_____	vorrai	_____
Lei/Lui	verrà	vorrà	_____
Noi	_____	_____	berremo
Voi	verrete	vorrete	_____
Loro	_____	_____	berranno

	tenere	rimanere	vivere
Io	terrò	rimarrò	vivrò
Tu	_____	rimarrai	_____
Lei/Lui	terrà	_____	vivrà
Noi	_____	rimarremo	vivremo
Voi	terrete	_____	_____
Loro	_____	rimarranno	vivranno

Q18. *Completa le frasi con il futuro dei verbi tra parentesi.*

a. Se sarete gentili con tutti, *(vivere)* _____ meglio.

b. In estate voi *(avere)* _____ finalmente tanto tempo libero!

c. Se salirete sul soppalco troppo velocemente, *(cadere)* _____ sul pavimento.

d. Non ha studiato, non *(sapere)* _____ recitare la poesia a memoria.

e. Quando arriverà la primavera, noi *(potere)* _____ finalmente giocare all'aperto.

f. Sei in ritardo? *(Vedere)* _____ che troverai una scusa!

g. Se non metterai in ordine i libri, *(dovere)* _____ cercarli di continuo.

h. Stefania non *(andare)* _____ da nessuna parte, resterà nella sua camera a fantasticare!

Q19. *Trasforma le frasi al futuro, come nell'esempio.*

a. Giulio viene domenica alla festa di Angela?
Giulio verrà domenica alla festa di Angela?

b. Giulio viene a vedere la camera nuova?
_____

c. Con quale compagnia vola la signora Rossi?
_____

d. E il bambino, vuole la pizza o il panino imbottito?
_____

e. Voli ancora con la fantasia?
_____

f. Questa estate vieni a trovarmi?
_____

g. Vengono con noi anche Elena e Sabrina.
_____

h. Vogliono sapere tutto sulle sedie girevoli.
_____

i. Fino a dove volano le rondini?
_____

Q20. *Trasforma le frasi al futuro, come nell'esempio.*

a. Suoni la chitarra al concerto?
Suonerai la chitarra al concerto?

b. Ti scrivo una cartolina, quando vado a Roma.
_____

c. Ci sei anche tu alla festa di Claudia?
_____

d. Il mio compagno viene a casa mia alle quattro.
_____

e. Fra un'ora finalmente vedi i tuoi amici.
_____

f. Sei contento di rivederla o hai un po' paura?
_____

g. Devi preparare dell'altra aranciata, i tuoi amici bevono molto.

_____

h. Quanto tempo rimanete in Austria, tu e Luciano?

_____

i. Domani abbiamo tanto da fare, perciò non possiamo venire.

_____

l. Con questo orologio so sempre l'ora esatta.

_____

m. Devo assolutamente comprare una nuova lampada!

_____

n. Mia madre non può venire al colloquio con gli insegnanti.

_____

o. Questa sera beviamo soltanto un tè!

_____

p. Vengo alla festa solo se ci venite anche voi.

_____

q. Loro rimangono in classe durante l'intervallo.

_____

r. Nel fine settimana ho molto lavoro da fare.

_____

Q21. _Leggi, pensa e segna._

😊😊	Io so fare molto bene
😊	Io so fare bene
😐	Io so fare abbastanza bene
😞	non lo so ancora fare

IO SO...

		😊😊	😊	😐	😞
A	comprendere la descrizione di una camera				
B	ricavare informazioni dalla descrizione di una camera				
C	porre domande sull'arredamento di una camera e rispondere				
P	descrivere una camera				
S	descrivere una camera				

Una rondine non fa primavera

Q1. *Trova nell'onda i nomi dei mesi e inseriscili al loro posto, come nell'esempio.*

OTTOBRE ANAP R I L E NO L U G L IO BIDICEMBRESE

SETTEMBRESTOFEBBRAIO ANGENNAIONONOVEMBRE

SENMARZOZA MAGG IOSEAGOSTOSTOGIUGNO

	mesi
1	
2	
3	
4	
6	
7	
8	
9	
10	*Ottobre*
11	
12	

Q2. *Trascrivi le lettere rimaste nell'esercizio Q1 e scopri un vecchio proverbio.*

"_____" che significa: "L'anno bisestile
(anno che ha 366 giorni invece di 365) è un anno un po' matto!".

Q3. *Rileggi i racconti dell'attività 3 del libro e scrivi quali parole ti hanno aiutato ad abbinare i ragazzi al loro Paese, come nell'esempio.*

Testo	Persona	Parole che ti hanno aiutato nell'abbinamento
1	Thomas	polo, 24 ore di buio, 24 ore di luce
2		
3		
4		

Q4. *Scrivi alcune caratteristiche della tua stagione preferita.*

_____

_____

_____

_____

_____

Q5. *Leggi le poesie sulle stagioni in Europa. Associa ad ogni poesia il nome di una stagione e l'illustrazione.*

a AUTUNNO

b INVERNO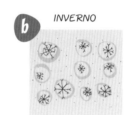

c PRIMAVERA

d ESTATE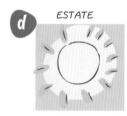

1
Poco vento
lento ad accarezzare il grano
mentre il sole più grande
ascolta.

2
Vetri opachi
vapori di fiati
e fuori silenzi bianchi
attendono che passi.

3
Gemiti dei rami
scosse le fronde a spogliarsi
e funghi tra le foglie
gialle a nascondere.

4
Colori su prati
che della neve hanno il ricordo.
E se piove
i verdi diventano altri
a giocare coi suoni.

Q6. *Rileggi le poesie dell'esercizio Q5 e segui le istruzioni.*

• Sottolinea in blu i dati legati alla vista.
• Sottolinea in verde i dati legati al movimento.
• Sottolinea in rosso i dati legati all'udito.

Q7. *Cerca nelle poesie dell'esercizio **Q5** le parole associate "contro la logica", come nell'esempio.*

1. Il sole ascolta _____
2. _____
3. _____
4. _____

Q8. *Scrivi una poesia. Inserisci dati legati alla vista, al movimento e all'udito. Scegli anche un titolo.*

Q9. *Pensa al luogo in cui vivi e completa la tabella, come nell'esempio.*

Stagione	Colori	Sapori	Rumori	Profumi	Temperatura
primavera	bianco	freschi	cinguettio	di fiori	tiepida
estate					
autunno					
inverno					

Locuzioni di tempo determinato
Avverbi di tempo

Grammatic@

Osserva e completa la regola.

Adesso dove abito è primavera.
Appena spuntano i primi fiori, è più caldo.
Quando fa caldo, molti partono per il mare o per la montagna.

Adesso, appena, quando sono avverbi di
○ luogo.
○ tempo.
○ quantità.

Gli avverbi di _____ **adesso, appena, quando** e le locuzioni di _____ determinato indicano quando avviene un'azione.

Q10. *Scegli l'articolo e/o la preposizione.*

a. *(Di/Nella)* _____ mattina facciamo sempre una buona colazione.

b. Dove andate a sciare *(nel/d')* _____ estate? Beh, sul ghiacciaio.

c. Anche tu hai una settimana di vacanza *(in/di)* _____ febbraio? No, solo tre giorni.

d. *(Il/La)* _____ pomeriggio c'è il corso di nuoto.

e. Alcune categorie di persone devono lavorare anche *(nel/di)* _____ notte.

f. Non so se quest'anno veniamo in montagna *(in/di)* _____ luglio o in agosto.

g. Compio gli anni *(il/nel)* _____ 14 marzo, e tu?

h. *(Di/In)* _____ notte *(in/a)* _____ inverno si vedono benissimo le stelle.

i. Mio papà esce spesso con gli amici *(di/nella)* _____ sera.

l. *(L'/Il)* _____ 11 agosto è la notte delle stelle cadenti! Ma no, è *(l'/il)* _____ 10 agosto, la notte di san Lorenzo!

Q11. *Completa le frasi con le espressioni di tempo, come nell'esempio.*

a. Maria **tra un mese/stamattina/tra un quarto d'ora** è andata a scuola in autobus.

b. Noi andiamo al cinema **oggi /prima/ dopo cena**.

c. **Domani/L'anno scorso/La settimana passata** sarà la festa del papà.

d. **Dopo/Oggi/Fra poco** mio fratello ha la febbre.

e. I ragazzi sono usciti **domani/per tutto il giorno/fra un mese**.

f. **Tra un po'/Prima/Tutto il pomeriggio** ho incontrato la mia professoressa.

g. **Ieri/Domani/L'anno scorso** frequentavo la seconda media.

h. In estate io e i miei genitori nuotavamo **prima/tra un'ora/tutte le mattine**.

i. **Adesso/Tutta la notte/L'anno scorso** Gino telefona alla nonna.

l. **Tutta la settimana/L'anno prossimo/Un po'** cambierò scuola.

Q12. *Trova nel cercaparole 9 espressioni di tempo.*

P	K	S	D	I	Q	D	S	F	E	P	O	C	L	O	X
R	G	U	O	J	H	X	O	T	Q	D	Q	R	S	L	C
I	O	S	M	X	V	A	I	P	A	O	O	S	A	X	S
M	L	R	A	N	N	G	E	M	O	S	E	P	J	K	T
A	H	B	N	G	G	Z	R	B	K	D	E	J	O	M	A
E	M	G	I	O	Q	O	I	E	A	Y	O	R	R	N	M
T	U	T	T	A	L	A	S	E	T	T	I	M	A	N	A
K	C	U	L	T	R	A	U	N	M	E	S	E	A	T	T
P	V	T	R	A	P	O	C	O	A	F	B	C	I	N	T
T	U	T	T	O	I	L	G	I	O	R	N	O	D	A	I
N	R	O	V	C	T	R	A	U	N	P	Ò	E	R	L	N
J	D	S	Y	N	C	T	K	M	M	F	I	C	P	E	A

Cerca così: →↓

Q13. *Forma correttamente le frasi, come nell'esempio.*

1. *In settembre*	**a.** si festeggia il Carnevale.
2. Di notte	**b.** cadono le foglie dagli alberi.
3. Il 25 dicembre	**c.** tutti o quasi tutti dormono.
4. In autunno	**d.** Matteo pranza con la sua famiglia.
5. La mattina	**e.** vado a casa e ceno.
6. A mezzogiorno	**f.** i ragazzi fanno i compiti e poi giocano con gli amici.
7. In febbraio	**g.** in Europa non c'è scuola e siamo in vacanza.
8. In estate	**h.** i cattolici festeggiano il Natale.
9. La sera	**i.** *in Italia inizia la scuola.*
10. Di pomeriggio	**l.** mi alzo per andare a scuola.

Q14. *Leggi la filastrocca sui mesi dell'anno e prova a inventarne una anche tu.*

I mesi dell'anno
di O. Turchetti

Gennaio porta gelo e nevicate,
Febbraio grandi balli e mascherate,
Marzo vento e delicate viole,
Aprile l'erba per le capriole,
Maggio ci dà rose profumate,
Giugno spighe secche e ben dorate,
Luglio ha la trebbia e sempre gran lavoro,
Agosto buona frutta e rami d'oro,
Settembre mette l'uva giù nel tino,
Ottobre cambia il mosto in un buon vino,
Novembre butta giù tutte le foglie,
Dicembre per il fuoco le raccoglie.

Gennaio porta _____,
Febbraio _____,
Marzo _____,
Aprile _____,
Maggio ci dà _____,
Giugno _____,
Luglio ha _____,
Agosto _____,
Settembre mette _____,
Ottobre cambia _____,
Novembre _____,
Dicembre _____.

Q15. *Completa le frasi con le preposizioni, come nell'esempio.*

a. Paolo e la sua famiglia **in/nell'**inverno vivono in montagna e **nell'/in** estate al mare.

b. **Nel /In** febbraio a Venezia si fa sempre festa.

c. Il mio fratellino è nato **al/il** due maggio.

d. Mio zio lavora **di/in** notte come panettiere.

e. **In/Di** primavera nella Pianura Padana i prati si ricoprono di mille colori.

f. **D'/Nell'**estate io e i miei amici passeggiamo spesso **di/alla** sera.

g. **Nella/La** seconda ora andiamo in palestra con il professore di ginnastica.

h. **A/In** mezzogiorno in punto suona la sirena dei vigili del fuoco.

i. Se **al/il** sabato sera vado a dormire molto tardi **la/alla** domenica sono stanchissimo!

l. Luigi esce sempre molto presto di casa **nella/la** mattina.

Q16. *Scegli una stagione. Poi, per ogni lettera dell'alfabeto, cerca una parola che ti ricorda la stagione che hai scelto.*

Stagione: _____

A come _____ ,	**N** come _____ ,
B come _____ ,	**O** come _____ ,
C come _____ ,	**P** come _____ ,
D come _____ ,	**Q** come _____ ,
E come _____ ,	**R** come _____ ,
F come _____ ,	**S** come _____ ,
G come _____ ,	**T** come _____ ,
H come _____ ,	**U** come _____ ,
I come _____ ,	**V** come _____ ,
L come _____ ,	**Z** come _____ .
M come _____ ,	

Q17. *Leggi, pensa e segna.*

IO SO...

😊😊	Io so fare molto bene
😊	Io so fare bene
😐	Io so fare abbastanza bene
☹	non lo so ancora fare

		😊😊	😊	😐	☹
A	comprendere informazioni in un testo di un audiolibro				
L	ricavare informazioni da un testo				
C	porre domande su un testo letto e rispondere a domande				
P	raccontare il contenuto di un testo letto o ascoltato				
S	prendere appunti per riferire il contenuto di un testo				

Natale con i tuoi, Pasqua con chi vuoi

Q1. *Scrivi sulla cartina geografica in quali luoghi e regioni sono andati in vacanza i ragazzi dell'attività **2** del libro.*

MAR LIGURE

MAR ADRIATICO

MAR TIRRENO

MAR IONIO

MAR MEDITERRANEO

Q2. *Scrivi cinque frasi su un luogo che hai visitato durante una vacanza.*

_____
_____
_____
_____
_____

Q3. *Riscrivi il dialogo al presente, come nell'esempio.*

Luigi: E tu, Franca, dove hai passato le vacanze?	**Luigi:** E tu, Franca, dove passi le vacanze?
Franca: Al lago di Garda, solo un paio di giorni.	**Franca:** _____
Silvia: Sempre a Lazise, vero?	**Silvia:** _____
Franca: Eh, certo. Ho incontrato i miei amici dell'estate, quelli che hai conosciuto anche tu!	**Franca:** _____ _____
Luigi: E cosa avete fatto?	**Luigi:** _____
Franca: Beh, abbiamo attraversato il lago in traghetto, siamo andati in montagna e abbiamo preso il sole.	**Franca:** _____ _____ _____
Luigi: In montagna, dove?	**Luigi:** In montagna, dove?
Franca: Sul monte Baldo, che è lì vicino al lago.	**Franca:** _____
Silvia: A piedi?	**Silvia:** A piedi?
Franca: Ma no! Abbiamo preso la funivia a Malcesine!	**Franca:** _____ _____
Luigi: E la sera? Avete almeno visto qualcuno?	**Luigi:** _____
Franca: Sì, certo. E abbiamo anche fatto le ore piccole.	**Franca:** _____ _____

Q4. *Scrivi nella tabella i verbi del testo dell'esercizio **Q3**, come nell'esempio.*

	Soggetto	Passato prossimo	Presente
1	tu	hai passato	passi
2			
3			
4			
5			
6			
7			
8			
9			
10			

Q5. *Completa il dialogo con i verbi della lista.*

> hanno deciso   siamo andati   abbiamo dormito   abbiamo fatto   siamo andati   siete rimasti

Silvia: _____ a trovare il nonno.
Luigi: Ah e _____ da lui?
Silvia: Un paio di giorni _____ a casa sua, poi i miei _____ di andare in giro. Sai, mio padre voleva farci vedere i luoghi della sua infanzia. _____ a visitare il centro di alcune città, di Bologna, di Ravenna, e _____ una puntatina anche al mare.

a
1 Passato prossimo dei verbi riflessivi

Grammatic@

Osserva e completa la regola e la tabella.

> Il mio fratellino **si è bagnato**, **si è rotolato** nella sabbia, **si è seduto** in riva al mare, **si è messo** a giocare con i ragazzini della sua età, **si è divertito** davvero!

Si è bagnato, si è rotolato, si è messo, si è divertito sono _____ riflessivi.

I verbi riflessivi hanno l'ausiliare _____.

	bagnarsi	*sedersi*	*divertirsi*
Io	mi sono bagnata/o	_____	_____
Tu	_____	_____	ti sei divertita/o
Lei/Lui	_____	si è seduta/o	_____
Noi	_____	_____	_____
Voi	_____	_____	_____
Loro	_____	_____	_____

Q6. *Completa le frasi come nell'esempio.*

a. Oggi non lavoro, ieri *ho lavorato tutto il giorno* _____.

b. Oggi Maria non cucina, ieri _____.

c. Oggi non giochi, ieri _____.

d. Oggi non studiamo, ieri _____.

e. Oggi i miei cugini non guardano la TV, ieri _____.

f. Oggi mio nonno non parla, ieri _____.

g. Oggi non mangiate caramelle, ieri _____.

h. Oggi non ascolti musica, ieri _____.

i. Oggi non chiacchiero, ieri _____.

Q7. *Completa le frasi con i verbi al passato prossimo, come nell'esempio.*

a. I turisti *(visitare)* _____*hanno visitato*_____ il Museo delle ceramiche a Faenza.

b. Quando *(cominciare)* _____ le vacanze?

c. In spiaggia il mio fratellino *(bagnarsi)* _____.

d. *(Vedere/tu)* _____ il Monte Baldo?

e. *(Camminare/noi)* _____ sul Monte Baldo tutto il giorno.

f. Le vacanze *(finire)* _____ troppo presto.

g. Il treno *(arrivare)* _____ come al solito con mezz'ora di ritardo.

h. Al mare quest'anno non *(divertirsi)* _____ per niente!

i. *(Camminare/voi)* _____ per la città?

l. A Pasqua *(andare/voi)* _____ in vacanza con gli amici.

m. A Natale *(rimanere/noi)* a _____ casa a festeggiare.

n. Il papà *(guidare)* _____ tutto il giorno.

o. Dove *(andare/voi)* _____ in vacanza? Noi *(rimanere)* _____ a casa.

p. Luigi *(accompagnare)* _____ gli amici al Colosseo.

q. Appena Luigi *(vedere)* _____ Jenny, *(cambiare)* _____ idea:
(rimanere) _____ volentieri con lei.

Q8. *Trova le parole nell'onda e riscrivi il racconto. Metti la punteggiatura.*

Unacamminatanelbosco
ierimattinacisiamoalzatiprestoprimadellesetteabbiamomessopaniniebottigliette
d'acquanellozainoesiamopartitiabbiamocamminatodueoreperunbelsentiero
traglialberieabbiamovistomoltifioriimieifratellihannoraccoltofragole
emirtillic'eraancheunaviperamaèfuggitapiùimpauritadiloro

_____

_____

_____

_____

_____

_____

_____

Q9. *Ricostruisci le frasi, mettendo in ordine le parole.*

a. ci siamo / molto / Al ristorante / divertiti
_____.

b. a Faenza / a trovare / I ragazzi / il loro nonno / sono andati
_____.

c. durante il viaggio / è sbandata / L'automobile / per Bologna, / niente / non è successo / ma per fortuna
_____.

d. Luigi / degli amici / si è ricordato / incontrati a Lazise
_____.

e. si è stancata / Franca / sul Monte Baldo / a camminare
_____.

f. si è spaventata / per un colpo di vento / la mamma / In funivia
_____.

g. il lago / in traghetto / Abbiamo attraversato / di Garda
_____.

Q10. *Completa il racconto con il passato prossimo dei verbi tra parentesi, come nell'esempio.*

Una giornata no

Questa mattina Nicola *(svegliarsi)* ___*si è svegliato*___ già di cattivo umore.

(Alzarsi) _____ ed è andato in bagno per lavarsi, ma non *(farsi)*
_____ la doccia perché l'acqua era fredda gelida.

Allora *(vestirsi)* _____ e *(mettersi)* _____ le scarpe, ma ha infilato il piede destro nella scarpa sinistra.

Voleva fare colazione e *(prepararsi)* _____ due fette di pane con burro e marmellata, ma era tardi e non le ha mangiate.

(Infilarsi) _____ la giacca nuova di pelle, ha preso la borsa ed è corso via.

Per strada *(accorgersi)* _____ che pioveva, e lui non aveva l'ombrello.

(Affrettarsi) _____, ma *(arrivare)* _____ in ritardo alla fermata dell'autobus.

Allora *(sedersi)* _____ su una panchina, ma c'era un gelato e lui *(sporcarsi)*
_____ i pantaloni.

A questo punto Nicola *(arrabbiarsi)* _____ davvero e ha deciso di tornare a casa!

Q11. *Riscrivi il racconto dell'esercizio **Q10** in prima persona, come nell'esempio.*

Questa mattina (io) mi sono svegliata/o... _____
_____
_____
_____
_____
_____
_____
_____
_____
_____
_____
_____

Q12. *Guarda l'agenda di Ivana e scrivi cosa ha fatto la settimana scorsa, come nell'esempio.*

Lunedì 13
Rotto bici – a scuola a piedi.
Pomeriggio: meccanico!

Martedì 14
Pranzo in mensa, pomeriggio a scuola.

Mercoledì 15
Telefonato a Marco, incontrati al parco.
Serata insieme!

Giovedì 16
Pomeriggio da Annamaria: compiti di mate.

Venerdì 17
Mal di testa – a casa.

Sabato 18
Spese in città – stivali nuovi!

Ivana lunedì ha rotto la bicicletta ed è andata a scuola a piedi.
Il pomeriggio ha portato la bicicletta dal meccanico.

Q13. *Hai trascorso cinque giorni di vacanza al lago di Garda. Scrivi tutto quello che hai fatto.*

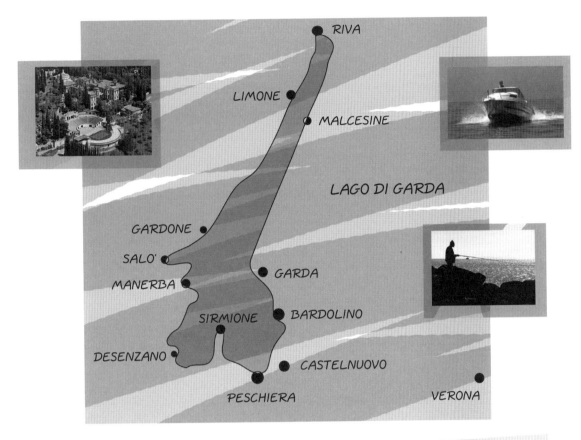

Q14. *Scrivi il diario di quello che hai fatto la settimana scorsa, giorno per giorno, come nell'esempio.*

Lunedì mi sono alzata/o tardi e sono arrivata/o a scuola in ritardo.

Q15. *Leggi, pensa e segna.*

😊😊	Io so fare molto bene
😊	Io so fare bene
😐	Io so fare abbastanza bene
☹️	non lo so ancora fare

IO SO...

		😊😊	😊	😐	☹️
A	capire informazioni in un dialogo sulle vacanze				
B	ricavare informazioni da un testo sulle vacanze				
C	domandare, rispondere e replicare in una conversazione su brevi vacanze				
P	dare informazioni su una vacanza				
S	scrivere brevi testi sulle vacanze				

Topi di biblioteca

Q1. *Metti una crocetta accanto ai tipi di testo che leggi e scrivi quando li leggi e perché.*

LEGGO SPESSO UN LIBRO SCOLASTICO PER STUDIARE.

Tipi di testo	Spesso	A volte	Mai	Perché?
un libro di testo scolastico				
gli appunti				
l'orario ferroviario				
i programmi TV				
il vocabolario				
l'enciclopedia				
una lettera				
un SMS				
una ricetta				
le istruzioni di un gioco				
un giornale				
una rivista				
un libro				
un giornalino				
un fumetto				

Q2. *Forma correttamente le frasi, come nell'esempio. Poi scrivi le lettere in ordine e scopri la parola nascosta.*

	Se voglio sapere...			consulto...
1	l'indirizzo di un compagno,	N		un libro di cucina.
2	a che ora parte il treno per Roma,	B		l'elenco telefonico.
3	una ricetta per fare i biscotti,	O		l'enciclopedia.
4	il significato di una parola,	S		un manuale di giardinaggio.
5	come coltivare un'orchidea,	E		l'orario ferroviario.
6	le date della II Guerra Mondiale,	M		il libretto di istruzioni.
7	quali sono i record di velocità degli animali,	S		il libro di storia.
8	come funziona il telecomando del lettore DVD,	I		il libro dei Guinness.
9	chi ha inventato l'aeroplano,	I		il vocabolario.

B _ _ _ _ _ _ _ _

Q3. *Scegli il libro o i libri adatti per ogni situazione.*

1

Alessia vuole organizzare una festa per il suo compleanno. Agli amici prepara pizzette e popcorn, ma quest'anno vuole anche qualcosa di nuovo e sfizioso...
Dove può trovare delle ricette adatte?

○ Il libro dei liquori   ○ Guida di Firenze
○ *Cucina cinese*   ○ **I grandi fumetti**
○ Il libro delle minestre   ○ Piccole donne
○ **Antipasti per party**

2

Roberto fa fatica a concentrarsi e negli ultimi tempi ha problemi a casa e a scuola. Cerca qualcosa per migliorare la sua concentrazione, ma senza stressarsi troppo.
Quale libro può leggere?

○ Enigmistica per tutti   ○ Pagine bianche
○ Il tuo giardino   ○ Vocabolario illustrato
○ Manuale di yoga   ○ **Topolino**
○ *La cucina regionale*

3

Carlo compie gli anni in estate e vuole invitare i suoi amici a una festa in giardino. La mamma si occupa dei cibi, lui deve organizzare i giochi.
Dove può trovare delle idee?

○ I musei di Roma   ○ Manuale di giardinaggio
○ Il libro della pasta   ○ Gli animali del bosco
○ **I giochi all'aperto**   ○ **Tom Sawyer**
○ Tutto sul basket

4

Donatella farà un viaggio in treno di alcune ore.
Cosa può portare con sé per far passare il tempo in modo veloce e piacevole?

○ L'orario ferroviario.   ○ Un libro di cucina.
○ Un volume dell'enciclopedia.   ○ Il vocabolario italiano-inglese.
○ L'elenco telefonico.   ○ Un romanzo.
○ Un fumetto.

Q4. *Scrivi i nomi dei personaggi della storia dell'attività 7 del libro e tre azioni che compiono, come nell'esempio.*

Personaggio	Azioni
Cappuccetto Rosso	va dalla nonna, raccoglie i fiori, incontra Pollicino...

Q5. *Ripensa alle attività 6 e 9 del libro, poi completa la tabella.*

	Ho letto lentamente	Ho letto velocemente	Ho letto a salti
per verificare le ipotesi (attività 6)			
per prendere appunti per raccontare (attività 9)			

Aggettivi possessivi

Osserva e completa la regola.

> C'è un pianista che ama tantissimo suonare la **sua** musica preferita.
> Tu chiedi al sindaco di poter suonare nella piazza del **tuo** paese.
> Adesso voi topolini furbacchioni potete mangiare il **vostro** formaggio preferito.
> I topolini sono contenti perché la **loro** vita è cambiata.

Sua, tuo, vostro, loro sono aggettivi che indicano a chi appartiene qualcosa:
sono aggettivi _____.

Completa.

	singolare	plurale
maschile	il mio paese il tuo paese il _____ paese il nostro paese il _____ paese il loro paese	i _____ paesi i tuoi paesi i suoi paesi i nostri paesi i vostri paesi i _____ paesi
femminile	la mia vita la _____ vita la sua vita la nostra vita la _____ vita la loro vita	le mie vite le tue vite le _____ vite le _____ vite le vostre vite le loro vite

L'aggettivo possessivo **loro** ◯ cambia.
◯ non cambia.

Q6. *Completa le frasi con l'aggettivo possessivo **suo**.*

a. Un pianista suona sempre il _____ pianoforte.

b. La _____ casa è piena di topi.

c. Lui mette le patate nella _____ dispensa.

d. Cappuccetto Rosso indossa il _____ mantello.

e. Pollicino sta beato sul _____ fiore.

f. Pollicino cerca la strada per raggiungere la _____ casa.

g. Cenerentola aspetta il _____ Principe Azzurro.

h. Il rospo cerca la _____ principessa.

i. Cenerentola ha perso la _____ scarpetta.

l. Pollicino trova i _____ genitori.

Q7. *Completa le frasi con gli aggettivi possessivi.*

a. Carlo e Gianni suonano volentieri il _____ pianoforte.

b. La ragazza legge con passione i _____ libri.

c. Guardo spesso la TV. Il _____ programma preferito è alle 17.00.

d. Voi avete i _____ problemi, come tutti i ragazzi della _____ età.

e. Tu leggi la _____ storia preferita.

f. I ragazzi aspettano i _____ amici.

g. Noi prepariamo lo zaino con i _____ libri.

h. Io prendo le chiavi della _____ casa.

i. Tu ascolti i consigli della _____ amica.

Q8. *Abbina la trama del libro al titolo, come nell'esempio.*

1 Moby Dick

2 SOTTO IL BURQA

3 VACANZE SULL'ISOLA DEI GABBIANI

4 AL LIMITE ESTREMO

5 *Il libro della giungla*

6 Lupi nei muri

7 HARRY POTTER E LA PIETRA FILOSOFALE

a ___1___ Ismaele è solo un ragazzo quando si imbarca sulla nave baleniera agli ordini del capitano Achab. Attraversano i mari a caccia di balene, ma una in particolare è l'ossessione di Achab: una balena bianca che si è portata via la sua gamba.

b _____ Lucy vive tranquilla con la sua famiglia. Il papà suona la tromba, la mamma prepara marmellate, suo fratello gioca al computer.
Ma una sera Lucy inizia a sentire degli strani rumori dentro le pareti.

c _____ Il protagonista è un ragazzo all'apparenza come tanti: va a scuola, ha degli amici, ha anche dei problemi.
Ma in realtà è un mago, la scuola è una famosa scuola di magia e ci sono delle forze oscure che minacciano lui e il suo mondo.

d _____ Una famiglia in Svezia: un papà svagato e quattro figli pieni di personalità. La mamma è morta e il papà decide di portare i ragazzi in vacanza su una piccola isola, in cui ci sono animali di ogni tipo e simpatici abitanti. Sarà un'estate piena di sorprese!

e _____ Brian deve raggiungere il padre che lavora in Canada e passare le vacanze estive con lui. Ma durante il volo con un piccolo idrovolante il pilota ha un malore e così precipitano in un lago. Brian si salva ma deve imparare a sopravvivere da solo.

f _____ Parvana vive in Afghanistan sotto l'occupazione dei talebani.
Quando il papà viene arrestato, la sua famiglia rischia di morire di fame: le donne non possono lavorare e neppure uscire di casa da sole. Allora Parvana decide di vestirsi da ragazzo...

g _____ C'era una volta un bambino adottato da una famiglia di lupi: un cucciolo d'uomo, Mowgli. I suoi amici erano Baloo l'orso e Bagheera la pantera nera. Shere Khan era la tigre che lo voleva uccidere e c'era Rikki Tikki Tawi, la mangusta.

Q9. *Leggi, pensa e segna.*

😊😊	Io so fare molto bene
😊	Io so fare bene
😐	Io so fare abbastanza bene
😞	non lo so ancora fare

		😊😊	😊	😐	😞
A	comprendere una storia				
L	comprendere una storia				
C	sostenere una conversazione riguardo ai motivi per cui si legge				
P	riesporre un testo letto, con l'aiuto di appunti personali				
S	prendere appunti su un testo e scrivere una storia				

Acqua alta

Q1. *Colora la regione dove si trova la città di Venezia.*

Q2. *Scrivi al posto giusto i quattro punti cardinali della lista.*

 Nord   Sud   Est   Ovest

Q3. *Abbina ogni punto cardinale all'aggettivo corrispondente.*

1. Nord
2. Sud
3. Est
4. Ovest

a. orientale
b. settentrionale
c. occidentale
d. meridionale

Q4. *Leggi il testo e cerca sul dizionario il significato delle parole <u>sottolineate</u>.*

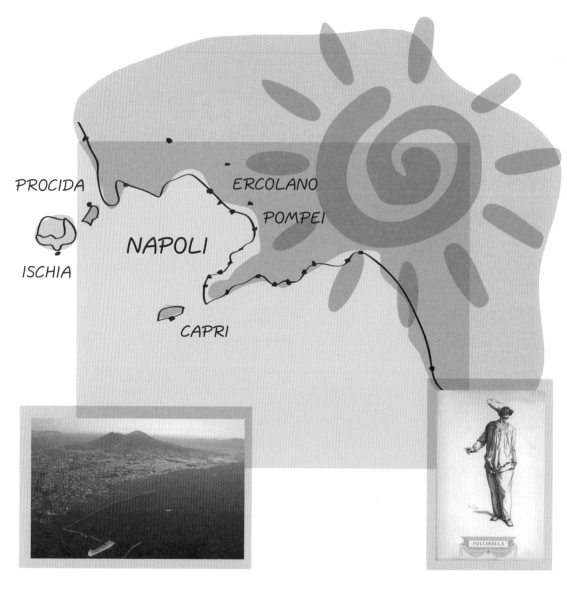

Napoli è il <u>capoluogo</u> della Campania, una regione dell'Italia meridionale, bagnata dal mar Tirreno. La città ha la forma di un arco, infatti si affaccia su un magnifico <u>golfo</u> ai piedi del Vesuvio. È un <u>panorama</u> fantastico che incanta i turisti di tutto il mondo.
Napoli è una città ricca di storia. Nea Polis, il suo nome in greco, significa "città nuova", ma in realtà è molto <u>antica</u>, abitata prima dai Greci, poi dai Romani.
Nel mare davanti ai <u>promontori</u> che chiudono il golfo di Napoli ci sono isole bellissime e famose: Capri, Ischia e Procida.
Anche queste isole sono conosciute e abitate fin dall'<u>antichità</u>. A Capri l'imperatore romano Tiberio aveva una villa con una galleria che portava alla Grotta Azzurra.

Q5. *Racconta in classe il testo dell'esercizio Q4. Usa le parole della lista per ricordare le informazioni principali.*

(meridionale)   (Vesuvio)   (mar Tirreno)   (storia)   (Capri, Ischia e Procida)

Q6. *Scrivi sotto ai disegni i nomi della lista, come nell'esempio.*

mento   fonte   dado   tavolo   gonna   lama   cane   golfo

1. _mento_   **2.** _____   **3.** _____   **4.** _____

5. _____   **6.** _____   **7.** _____   **8.** _____

Q7. *Scrivi il nome delle immagini e scopri le parole misteriose, come nell'esempio.*

a

F O N T E + □□□ + □□□□ + □□□□□

F O N __ __ __ __ __ __ __ __ __

b

□□□□ + □□□□ + □□□□

__ __ __ __ __ __ __

c

   12

□□□□ + □□□□□□ + □□□

__ __ __ __ __ __ __ __

Q8. *Scrivi il nome dei sestieri di Venezia accanto alle lettere.*

A. _____
B. _____
C. _____
D. _____
E. _____
F. _____

Q9. *Traduci in italiano i nomi veneziani, come nell'esempio.*

a

FONDAMENTA
DELLA
MISERICORDIA

= ___strada lungo il canale___
___della Misericordia___

b

CALLE
DEI
SCARPERI

= _____
_____

c

RIO
TERÀ

= _____
_____

d

CAMPO
SAN ZANI E POLO

= _____
_____

Q10. *Abbina le parole ai significati.*

Parola	Significato
1. basilica	**a.** quartiere
2. prigione	**b.** abitazione
3. facciata	**c.** parte frontale di un edificio
4. ospedale	**d.** unisce le rive opposte di un canale
5. teatro	**e.** spazio dove si svolgono degli spettacoli
6. palazzo	**f.** luogo in cui si va quando si sta male
7. sestiere	**g.** grande chiesa
8. ponte	**h.** edificio
9. casa	**i.** carcere

Q11. *Completa i testi con le parole della lista.*

basilica • prigioni • facciata • ospedale • teatro • palazzo • sestiere • ponte • casa

CA' D'ORO
È un bellissimo
_____ nel sestiere
di Cannaregio,
costruito nella prima
metà del 1400. È sul
Canal Grande vicino al
_____ di Rialto.
Si chiama così perché
in origine alcune parti
della _____ erano
ricoperte d'oro.

CA' FOSCARI
È uno dei più famosi
palazzi di Venezia, si trova
nel _____ di Dorsoduro
ed è della fine del 1300.
Nel passato era una
_____ nobiliare, poi un
_____, una caserma,
una scuola. Oggi è la sede
dell'Università Ca' Foscari.

PALAZZO DUCALE
È vicino alla _____ di
San Marco e ai Piombi,
le antiche _____,
chiamate così per il loro
sottotetto di piombo.
I Piombi sono uniti
al Palazzo Ducale
dal Ponte dei Sospiri,
che era chiamato così
perché i prigionieri
che lo attraversavano
sospiravano pensando
alla libertà perduta.

LA FENICE
È il _____ lirico di Venezia,
inaugurato nel 1792. Recentemente
distrutto da un incendio, è stato ricostruito
come prima.

Q12. *Un'amica veneziana ti ha portato le ricette di tre piatti tipici, ma i fogli sono caduti per terra e si sono mischiati. Rimetti in ordine le tre ricette.*

a Risi e bisi

b Fegato alla veneziana

c Fave dei morti

Fogli n°___/___/___   Fogli n°___/___/___   Fogli n°___/___/___

1

e bagnarle con un po' di vino. Rimettere le cipolle in padella, salare e pepare. Terminare la cottura a fuoco dolce.

2

e mescolando ogni tanto. Alla fine mettere un po' di sale, aggiungere una noce di burro e il prezzemolo tritato, mescolare bene e servire. A piacere aggiungere il grana grattugiato.

3

e metterle in forno a fuoco dolce per circa 10'. Si possono fare fave di colore diverso usando un po' di cacao in polvere o al posto della grappa l'alchermes (= liquore dolce di colore rosso).

4

Ingredienti
300 g di pinoli
450 g di zucchero
200 g di farina
15 g di cannella in polvere
30 g di burro
3 uova intere
la scorza grattugiata di un limone
1 bicchierino di grappa

5

Nella padella scaldare l'olio, far appassire la cipolla tritata e poi far tostare il riso. Sgusciare i piselli e versarli nella pentola. Portare a cottura aggiungendo il brodo

6

Pestare bene i pinoli con lo zucchero, aggiungere la farina, la cannella, la scorza di limone, la grappa, il burro morbido e le uova. Lavorare con le mani finché l'impasto è omogeneo. Formare delle palline grandi come noci

8

Tagliare le cipolle a fette sottili e farle imbiondire in olio e burro. Toglierle dalla padella: nel sugo far rosolare le fettine di fegato dai due lati

7

Ingredienti
1 kg di piselli da sgusciare
una cipolla
300 g. di riso vialone o arborio
olio - burro
brodo - sale - prezzemolo
grana padano, se piace

9

Ingredienti
4 fettine di fegato di vitello
1 kg di cipolle
olio, burro
sale, pepe
vino bianco

Q13. *Scrivi il nome italiano dei pesci.*

nome veneziano	Al mercato del pesce	nome italiano
a IL BISATO		
b LA SCHIA		
c I PEOCI		
d LA CANOCIA		
e I BOVOETI		
f LA MOECA		
g I PESATI		

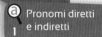

a Pronomi diretti
1 e indiretti

Osserva e completa.

> Prendo **la guida** e **la** leggo.

Cosa leggo? Leggo la _____.
Per non ripetere due volte il nome **guida**, uso _____.
Questa parola sostituisce il nome e si chiama **pronome diretto**.

	singolare	plurale
prima persona (maschile e femminile)	mi	ci
seconda persona (maschile e femminile)	ti	vi
terza persona femminile	_____	le
terza persona maschile	lo	li

Osserva e completa.

> Regalo i merletti **a Maria** e **le** faccio gli auguri.
> Porto le canocchie **a Franco** e **gli** do la ricetta.

Invece di ripetere due volte **a Maria**, uso _____.
Invece di ripetere due volte **a Franco**, uso _____.
Queste parole si chiamano **pronomi indiretti**.

	singolare	plurale
prima persona (maschile e femminile)	mi	ci
seconda persona (maschile e femminile)	ti	vi
terza persona femminile	_____	gli
terza persona maschile	_____	gli

I pronomi si posizionano ◯ prima del verbo.
◯ dopo il

Q14. *Completa le frasi con i pronomi diretti.*

a. Sei in ritardo! Il vaporetto non _____ aspetta.

b. Dobbiamo aspettare Anna. Lei _____ accompagna in Piazza San Marco.

c. Non preoccupatevi per la cena! _____ abbiamo preparato una sorpresa.

d. La signora è anziana: _____ dovete aiutare a salire in motoscafo.

e. È tanto che non vedo il mio amico Carlo: l'ultima volta _____ ho incontrato alla Giudecca.

f. Siete dei prepotenti, ma non _____ ascolto. Qui al Lido mi voglio riposare.

g. Dove sono finiti i ragazzi? Non _____ ho più visti in giro per le calli.

h. Cerco il mio colletto di pizzo di Burano: non _____ trovo più.

i. Forse le mie amiche veneziane sono già partite: non _____ ho più incontrate.

Q15. *Trasforma le frasi, come nell'esempio. Usa i pronomi indiretti.*

a. A me piacciono le fave dei morti! ⟶ *Mi piacciono le fave dei morti!*

b. A voi piace il fegato alla veneziana? ⟶ _____

c. A noi piace molto il Carnevale di Venezia. ⟶ _____

d. A lei piace l'anguilla in umido? ⟶ _____

e. A Ugo piace il pesce. ⟶ _____

f. A te piacciono molto le maschere. ⟶ _____

g. A Marina piacciono tantissimo le sarde in saor. ⟶ _____

h. A quel turista piace passeggiare per le calli. ⟶ _____

Q16. *Completa le frasi con i pronomi indiretti della lista, come nell'esempio.*

ti   gli   vi   ci   ti   le   **gli**   mi

a. Il turista siede al tavolino in piazza San Marco e i camerieri ___*gli*___ portano il caffè.

b. E nonno Piero? _____ avete spedito una cartolina?

c. "Sai la strada per la chiesa dei Frari?". "Adesso _____ spiego come arrivarci!"

d. Anna, Luisa, _____ è piaciuto il giro in gondola?

e. Se vai a Murano _____ puoi comprare un ciondolo di vetro? Purtroppo ho perso quello che mi ha regalato Michele.

f. Federico, tutti quei colombi intorno, non _____ danno fastidio?

g. Ci siamo persi al Lido, ma un ragazzo _____ ha spiegato come arrivare alla fermata del vaporetto.

h. Il papà ha fatto un regalo alla mamma; _____ ha comprato una collana di perle di vetro di Murano.

Q17. *Rispondi alle domande usando i pronomi indiretti, come nell'esempio.*

a. Cosa hai comprato a Marco? ___*Gli ho comprato*___ una maschera da Arlecchino.

b. Cosa hai preso allo zio? _____ un libro con foto della laguna.

c. Cosa avete regalato a Carolina? _____ un cagnolino di vetro di Murano.

d. Che cartolina mi hai mandato? _____ una cartolina con un bellissimo tramonto sulla laguna.

e. Cosa ti ha scritto Andrea? _____ un SMS mentre era in vaporetto.

f. Cosa hai risposto ad Andrea? Non _____. Ho finito il credito.

g. Vi è piaciuto lo spettacolo? Non _____ per niente! C'era così tanta gente che non abbiamo visto niente.

Q18. *Leggi, pensa e segna.*

IO SO...

😊😊	lo so fare molto bene
😊	lo so fare bene
😐	lo so fare abbastanza bene
☹️	non lo so ancora fare

		😊😊	😊	😐	☹️
A	capire informazioni da un semplice testo su una città				
b	ricavare informazioni da un breve testo su una città				
C	porre domande e rispondere a domande su una città				
P	riferire informazioni su una città				
S	scrivere un breve testo su una città				

Sotto a chi tocca

Q1. *Scrivi il numero accanto all'oggetto.*

1. gli spiedini alla frutta
2. l'insalata di riso
3. la torta
4. il gelato
5. i festoni
6. lo striscione
7. il lettore CD
8. i CD
9. i giornalini

10. i pasticcini
11. i panini imbottiti
12. le polpettine
13. l'insalata russa
14. l'acqua minerale
15. l'aranciata
16. il succo di frutta
17. lo spumante analcolico
18. la coca cola

19. il tè freddo
20. la frutta
21. le patatine
22. i popcorn
23. i biscotti
24. le pizzette
25. gli spiedini di carne
26. le tartine

Q2. *Ricomponi l'elenco dei cibi e delle bevande, come nell'esempio.*

1. i panini
2. il succo
3. l'acqua
4. gli spiedini
5. lo spumante
6. l'insalata

a. di frutta
b. analcolico
c. di carne
d. *imbottiti*
e. di riso
f. minerale

Q3. *Pensa all'ascolto dell'attività **2** del libro e segna se le frasi sono vere (V) o false (F), come nell'esempio.*

	V	F
a. Il papà non è a casa il pomeriggio.	X	
b. I ragazzi devono preparare le pizzette da soli.		X
c. Il papà ha già preparato il cibo per la festa.		
d. I ragazzi devono solo accendere il forno a 140 gradi.		
e. Lucia si lamenta con il papà perché ha preparato di nuovo le pizzette.		
f. Per scaldare le pizzette basta poco olio.		
g. Il papà chiede a Stefano di preparare la tavola.		
h. Stefano è contento di preparare la tavola.		
i. Il papà assegna ai ragazzi i lavori da fare.		
l. Lucia deve portare fuori il cane dopo la festa.		
m. I nonni sanno già che domenica sono invitati a pranzo.		
n. Il papà è tranquillo perché i figli non litigano mai.		
o. Dopo la festa i ragazzi devono sparecchiare la tavola.		
p. La volta precedente i ragazzi avevano lasciato tutto in ordine.		
q. I ragazzi devono pulire anche il pavimento.		

Q4. *Riguarda le frasi false dell'esercizio **Q3** e scrivi la versione vera, come nell'esempio.*

b. Il papà ha già preparato le pizzette per la festa

Q5. *Cerchia l'intruso in ogni riga, come nell'esempio.*

1	ballare	suonare	cantare	(scrivere)
2	l'aranciata	il gelato	lo spumante	il succo
3	le candeline	il popcom	l'insalata russa	la torta
4	fare gli auguri	portare un regalo	tagliare la torta	guidare la macchina
5	i festoni	gli striscioni	i bigliettini	gli spiedini

Q6. *Descrivi la festa di compleanno di Andrea. Usa tutti i verbi della lista.*

ascoltare · aprire · cantare · tagliare

ballare · bere · pulire · addobbare · applaudire

VIVA ANDREA!

_____

_____

_____

_____

Q7. *Trova gli imperativi nell'onda, come nell'esempio.*

Aspettanonprendetegiocateguardaripeteteaprichiudinonridete

correteoffrileggetenonscriverecamminascriveteprendilasciate

nondimenticatenondormirecercalasciacianontornatecorri

Q8. *Inserisci nella prima colonna i verbi all'imperativo dell'esercizio **Q7**. Fa' una crocetta nella colonna giusta, come nell'esempio.*

Imperativo	Tu affermativo	Tu negativo	Voi affermativo	Voi negativo
aspetta	X			
non prendete				X

Imperativo di alcuni verbi irregolari

Grammatic@

Osserva e completa la regola e le tabelle.

Per ordinare di fare o non fare qualcosa, per invitare qualcuno in modo deciso a fare o non fare qualcosa si usa il verbo al modo _____.

	essere	avere	dire	dare
Tu	_____!	abbi!	di'!	_____ / _____!
Voi	siate!	_____!	_____!	date!

	fare	stare	andare	venire
Tu	_____ / _____!	sta'/stai!	va'/vai!	_____!
Voi	fate!	_____!	_____!	venite!

Q9. *Completa le frasi con i verbi della lista.*

da'   va'   di'   va'   fa'   fa'   sta'   fa'   sii   abbi   di'

a. _____ a vedere cosa è successo!
b. Non restare lì fermo! _____ qualcosa!
c. _____ a Giacomo di comprare la torta.
d. Hai dimenticato di portare lo striscione. _____ vedere cosa riesci a fare adesso!
e. _____ presto! Alle 11 c'è la festa di battesimo di Andrea!
f. _____ tranquillo, verrai anche tu alla festa a sorpresa!
g. _____ meno agitato, ti aiutiamo a rimettere tutto a posto!
h. Non stare zitto! _____ qualcosa!
i. _____ dritto fino al prossimo semaforo.
l. Ci sono molti amici che aspettano, non innervosirti, _____ pazienza!
m. Per favore, _____ subito l'aranciata a Sonia!

Q10. *Completa le frasi con l'imperativo dei verbi tra parentesi.*

a. *(essere)*
   Claudia, _____ gentile e lasciami passare, altrimenti mi cadono i bicchieri!
   Alberto, non _____ così nervoso quando aiuti in cucina!
b. *(avere)*
   Francesca, _____ solo un attimo di pazienza!
   Ehi, Monica, _____ rispetto per chi ti ospita!
c. *(stare)*
   Luisa, _____ tranquilla! Non è successo niente!
   Luca _____ fermo e non ti muovere, altrimenti pesti i vetri del bicchiere rotto!
d. *(dare)*
   Mauro, non _____ gli spiedini a Luca, per favore!
   Andrea _____ una mano a mettere in ordine!
e. *(fare)*
   Marco e Michele _____ attenzione al pavimento bagnato, è facile scivolare!
   Andrea sta per arrivare, Carlo _____ in fretta!
f. *(dire)*
   Mario e Gianni, _____ la verità, avete dimenticato di fare la spesa!
   Per piacere, Marta, _____ il tuo indirizzo!
g. *(andare)*
   La scala è pericolosa, Marisa, _____ piano!
   _____ avanti tu e suona il campanello alla prima porta a sinistra.
h. *(venire)*
   _____ da questa parte, ti mostro dov'è il frigorifero!
   Monica e Lucia, _____ subito o vi perdete tutta la festa!

Q11. *Completa le frasi con l'imperativo (tu) dei verbi tra parentesi.*

a. Stefano, *(portare)* _____ il cane a fare una passeggiata!

b. Sandra, *(essere)* _____ gentile e *(venire)* _____ a comperare le bibite insieme a me!

c. Andrea, *(dire)* _____ ai tuoi amici di non disturbare!

d. Stefano, *(fare)* _____ le pulizie e *(mettere)* _____ in ordine la cucina!

e. Sabrina, *(preparare)* _____ la cena!

f. Mamma, *(riordinare)* _____ tu la stanza, io devo preparare la festa!

g. Maria, *(dare)* _____ l'acqua alle piante!

h. Fufi, *(stare)* _____ zitto e tranquillo, non abbaiare!

i. Papà, *(avere)* _____ pazienza!

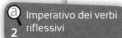

@
2 Imperativo dei verbi riflessivi

Osserva e completa la regola e la tabella.

> Prima di prendere l'autobus ricorda**ti** di comprare i biglietti!
> Prima di prendere l'autobus ricordate**vi** di comprare i biglietti!

Quando diamo ordini a una o più persone conosciute *(Tu, Voi)* usando dei **verbi** _____,
il **pronome riflessivo** va alla _____ del verbo.

Verbo	Tu	Voi
alzarsi	_____	Alzate**vi**!
sedersi	Siedi**ti**!	_____
divertirsi	_____	Divertite**vi**!
pulirsi	Pulisci**ti**!	_____

Q12. *Abbina le espressioni alle situazioni.*

Espressioni	Situazioni
Va' via!	
Prestami il cellulare!	
Sta' fermo!	La professoressa/Il professore a scuola
Alzati!	
Alza la mano!	
Chiudi la porta!	
Mettetevi in fila!	
Metti via i bicchieri!	La mamma/Il papà a casa
Prepara le tartine!	
Non chiacchierare!	
Fa' presto!	
Metti in ordine la cucina!	Tu con tua sorella/Tuo fratello
Gioca con me!	
Aspetta gli ospiti!	

Q13. *Completa le frasi con l'imperativo dei verbi tra parentesi, come nell'esempio.*

a. *(Alzarsi/voi)* _____Alzatevi_____! Arriva Andrea!

b. Per favore, *(pulirsi/tu)* _____ il vestito. Ti è caduta la tartina!

c. Il posto è libero, *(sedersi/tu)* _____ pure!

d. *(Calmarsi/tu)* _____ e raccontami perché hai bruciato le pizzette!

e. *(Vestirsi/tu)* _____ in fretta, siamo in ritardo!

f. *(Fermarsi/tu)* _____, non puoi passare di là, ci sono le bibite per terra!

g. Non *(preoccuparsi/voi)* _____, non è successo niente!

h. Dai, *(sbrigarsi/voi)* _____ ad appendere lo striscione!

i. *(Prepararsi/voi)* _____ per la festa, mi raccomando!

l. Lucia, *(mettersi/tu)* _____ a lavorare, non dare solo ordini!

m. *(Pulirsi/voi)* _____ le scarpe prima di entrare in casa!

n. Sara, *(affacciarsi/tu)* _____ alla finestra, guarda se viene Andrea!

o. Anna, *(sbrigarsi/tu)* _____ a pulire il pavimento!

p. *(Muoversi/voi)* _____, siete sempre gli ultimi!

q. Hai voluto fare di testa tua, adesso *(arrangiarsi/tu)* _____ a mettere in ordine la sala!

Imperativo con i pronomi diretti e indiretti

Grammatic@

Osserva e completa la regola.

| (Tu) Porta qua il quaderno! | ⟶ Porta**lo** qua! |
| (Voi) Portate là i libri! | ⟶ Portate**li** là! |

| (Tu) Porta il quaderno a lui! | ⟶ Porta**gli** il quaderno! |
| (Voi) Portate i libri a lei! | ⟶ Portate**le** i libri! |

Quando diamo ordini a una o più persone conosciute *(Tu, Voi)* usando i _____ diretti e indiretti, **il pronome** va alla _____ del verbo.

Di' + mi = Di**mm**i!	Di' + ci = Di**cc**i!	Di' + lo = Di**ll**o!	Di' + gli = Digli!
Fa' + mi = Fa**mm**i!	Fa' + ci = Fa**cc**i!	Fa' + lo = Fa**ll**o!	Fa' + gli = Fagli!
Da' + mi = Da**mm**i!	Da' + ci = Da**cc**i!	Da' + lo = Da**ll**o!	Da' + gli = Dagli!

Quando diamo ordini a una persona conosciuta *(Tu)* usando dei verbi _____ e i _____, dobbiamo _____ la prima lettera dei pronomi (tranne con il pronome indiretto **gli**).

Q14. *Riscrivi gli ordini, sostituendo con un pronome la parola sottolineata, come nell'esempio.*

a. Apri subito <u>la finestra</u>!   ⟶   *Aprila subito!* _____

b. Chiudi <u>la porta</u>!   ⟶ _____

c. Portate subito <u>le patatine</u>!   ⟶ _____

d. Metti via <u>lo spumante</u>!   ⟶ _____

e. Non aprite <u>il regalo</u>!   ⟶ _____

f. Chiama <u>tuo fratello</u>!   ⟶ _____

g. Spegni <u>le candeline</u>!   ⟶ _____

h. Scrivete <u>gli striscioni</u>!   ⟶ _____

i. Addobbate <u>la stanza</u>!   ⟶ _____

l. Mescola <u>l'insalata di riso</u>!   ⟶ _____

m. Versa <u>l'acqua</u> nei bicchieri!   ⟶ _____

n. Attaccate <u>i festoni</u> alle pareti!   ⟶ _____

o. Nascondete <u>i regali</u>!   ⟶ _____

Q15. *Trasforma la richiesta gentile in un ordine con l'imperativo, come nell'esempio.*

a. Mi porti quel biglietto?   ⟶   *Portami quel biglietto!* _____

b. Mi dici la verità?   ⟶ _____

c. Ci offri un cioccolatino?   ⟶ _____

d. Mi dai il tuo diario?   ⟶ _____

e. Mi fai un favore?   ⟶ _____

f. Gli spiegate il compito per casa?   ⟶ _____

g. Mi rispondi subito?   ⟶ _____

h. Ci telefoni nel pomeriggio?   ⟶ _____

i. Mi salutate i vostri genitori?   ⟶ _____

l. Ci date il vostro numero di cellulare?   ⟶ _____

m. Ci dici quello che è successo?   ⟶ _____

n. Le ridate il quaderno?   ⟶ _____

o. Gli stringi la mano e fate pace?   ⟶ _____

Q16. *Completa le frasi con l'imperativo, come nell'esempio.*

> Stai per partire per un campeggio estivo in montagna e tua madre ti fa molte raccomandazioni!

a. *(Piantare)* ___Pianta___ la tenda in un posto sicuro!

b. *(Coprirsi)* _____ quando fa freddo!

c. *(Mettersi)* _____ il berretto, se c'è il sole!

d. *(Lavarsi)* _____ le mani prima di mangiare!

e. *(Mangiare)* _____ tutto, anche la verdura!

f. *(Non fare)* _____ cose pericolose!

g. *(Cambiarsi)* _____ ogni giorno i vestiti, o almeno ogni due giorni!

h. *(Giocare)* _____ con gli altri ragazzi!

i. *(Ricordarsi)* _____ di chiamare casa ogni tanto!

l. *(Scrivere)* _____ una cartolina! E *(divertirsi)* _____!

Q17. *Riscrivi le frasi al plurale (Voi), come nell'esempio.*

Vai al campeggio con tuo fratello, quindi le raccomandazioni della mamma sono per tutti e due!

a. Piantate la tenda in un posto sicuro! _____

b. _____

c. _____

d. _____

e. _____

f. _____

g. _____

h. _____

i. _____

l. _____

Q18. *Leggi, pensa e segna.*

😊😊	Io so fare molto bene
😊	Io so fare bene
😐	Io so fare abbastanza bene
😞	non lo so ancora fare

		😊😊	😊	😐	😞
A	comprendere un ordine dato e reagire				
B	comprendere biglietti di invito e ordini in pagine di diario				
C	dare ordini per fare qualcosa e rispondere a ordini				
P	rispondere a domande scritte				
S	scrivere biglietti di invito per una festa scrivere una pagina di diario su un modello dato				

Gridare al lupo

Q1. *Scegli l'aggettivo contrario, come nell'esempio.*

aggettivo	A	B	C
1 veloce	felice	*lento*	nervoso
2 forte	amaro	debole	sciocco
3 pauroso	gentile	pacifico	coraggioso
4 pigro	attivo	altruista	serio
5 avaro	fedele	generoso	timido
6 paziente	impaziente	prepotente	arrogante
7 intelligente	furbo	astuto	stupido
8 pacifico	triste	litigioso	avaro
9 sincero	bugiardo	estroverso	riservato
10 mite	allegro	docile	prepotente
11 disordinato	sciatto	ordinato	tranquillo

Q2. *Ines e Lisa sono gemelle ma hanno due caratteri completamente diversi, praticamente opposti! Completa le frasi con gli aggettivi contrari, come nell'esempio.*

a. Ines non ride mai, sembra triste o seria, nessuno la cerca. Invece Lisa è sempre _____*allegra*_____
e ____*divertente*____, è bello per tutti stare con lei!

b. Ines per strada non saluta mai, è davvero maleducata e sgarbata. Invece Lisa è _____
e _____, sorride a tutti e saluta volentieri.

c. A casa Ines si chiude in camera e non dice niente, è molto introversa. A casa Lisa racconta
volentieri cosa ha fatto, è _____.

d. Lisa ascolta mamma e papà, è ubbidiente e ordinata, aiuta volentieri. Invece Ines fa arrabbiare
i genitori, è sempre _____ e _____.

e. A scuola Ines non fa niente, è proprio pigra. Invece Lisa a scuola ascolta e parla, legge e scrive,
è _____.

f. Ines è indifferente, la scuola non le interessa. Invece Lisa è attenta e _____,
vuole sapere tutto!

g. Ines è avara e egoista, non presta mai le sue cose ai compagni. Lisa presta volentieri le cose
e mostra anche i suoi quaderni, lei è _____ e _____.

h. Alla fermata dell'autobus Lisa aspetta paziente e tranquilla. Invece Ines è _____
e _____.

i. Con il fratellino Lisa è pacifica, gioca volentieri e non litiga con lui. Se qualche volta Ines gioca
con il fratellino, è _____ e vuole sempre vincere.

Q3. *Completa lo schema con un sinonimo, come nell'esempio. Poi scopri la parola nascosta in verticale nelle caselle evidenziate in grigio.*

1. vecchio
2. timido
3. fannullone
4. estroverso
5. falso
6. cortese
7. docile
8. disordinato
9. furbo
10. testardo

```
1  A N Z I A N O
      2  R   S
           3
              4  S
              5  B
6
              7
8  S C
              9
10  O S
```

Q4. *Completa gli aggettivi, come nell'esempio.*

a. Abbiamo degli amici simpatic_i_ e intelligent_i_.

b. Quei ragazzi sono sciocch___ e litigios___.

c. Sono due ragazze intelligent___ e studios___.

d. I miei fratelli sono estrovers___ e socievol___.

e. Questi turisti sono persone gentil___ ed educat___.

f. I tuoi amici sono veloc___.

g. Quei signori hanno dei bambini carin___ e ubbidient___.

h. Non dovete essere impazient___! I vostri piatti special___ arrivano subito.

i. Quei ragazzi sono dei bulli arrogant___ e prepotent___.

l. Loro credono di essere furb___, se non rispettano le regole.

m. I miei nonni non sono mai trist___.

n. Quelle ragazze sono coraggios___, ma anche prudent___.

Q5. *Trasforma al singolare le frasi dell'esercizio **Q4**, come nell'esempio.*

a. *Abbiamo un amico simpatico e intelligente.* _____

b. _____

c. _____

d. _____

e. _____

f. _____

g. _____

h. _____

i. _____

l. _____

m. _____

n. _____

Q6. *Cerchia l'espressione corretta, come nell'esempio.*

a. Alle interrogazioni d'inglese Sara va malissimo: diventa rossa come **un gambero/una volpe** e non dice una parola!

b. Sbrigati, Michela! Sono le 8 e 10, siamo in ritardo! Sei lenta come **una talpa/una lumaca**!

c. Non possiamo mettere Stefano e Rebecca nella stessa squadra, sono **formiche/cane e gatto**, litigano sempre!

d. Eleonora è cieca come **una talpa/una formica**: guarda che occhiali porta!

e. Fabrizio non è andato a parlare con la direttrice, ha avuto paura, ha fatto proprio **il camaleonte/il coniglio**.

f. Quando litiga con Fabio, Elena diventa **una belva/una formica**: si infuria e fa davvero paura.

g. Luca è appena tornato dalla piscina e ha una fame da **leone/lupo**.

h. Federico è riuscito a diventare simpatico alla professoressa di musica! È furbo come **una cicala/una volpe**.

Q7. *Collega i seguenti modi di dire al corrispondente significato.*

Modo di dire	**Significato**
1. *fare il camaleonte*	a. sperperare senza pensare al futuro
2. lavorare come una bestia	b. prevalere sugli altri, dominarli
3. essere una vipera	c. *cambiare spesso idea*
4. essere come cane e gatto	d. infuriarsi, arrabbiarsi in modo violento
5. fare la cicala	e. essere una persona cattiva, maligna
6. avere una vista d'aquila	f. ripetere meccanicamente le parole degli altri
7. diventare una belva	g. faticare molto
8. fare il pappagallo	h. essere sempre in disaccordo
9. fare la parte del leone	i. vedere molto bene, anche da lontano
10. essere un somaro	l. essere una persona particolare
11. essere una mosca bianca	m. essere una ragazza superficiale
12. essere un'oca	n. non essere un bravo studente

Q8. *Completa con le lettere mancanti le descrizioni degli animali nelle favole.*

a. Il leone è forte e prepo_t_ e _n_ te.

b. La volpe è astuta e f___ ___ ___a.

c. La capra è sciocca e st___ ___ ___da.

d. Il topo è pic___ ___ ___ ___ e debole.

e. Il corvo è saggio e calmo o va___ ___toso e su___ ___ ___bo.

f. La gazza è l___ ___ra e chiacchierona.

g. Il lupo è cat___i___o e m___lvagio.

Q9. *Trasforma le frasi dell'esercizio **Q8** al plurale, come nell'esempio.*

a. *I leoni sono forti e prepotenti.* _____

b. _____

c. _____

d. _____

e. _____

f. _____

g. _____

Q10. *Completa la tabella con l'aggettivo o il nome mancante, come nell'esempio.*

	Aggettivo	Nome
1	forte	la ___forza___
2	___preciso___	la precisione
3	_____	la timidezza
4	sincero	la _____
5	vanitoso	la vanità
6	_____	la giustizia
7	furbo	la _____
8	_____	la prepotenza
9	_____	la stupidità
10	_____	l'invidia
11	_____	il coraggio
12	_____	la presunzione
13	_____	la modestia
14	_____	l'orgoglio
15	_____	l'impazienza

Q11. *Completa la favola.*

Il leone, l'asino e la volpe
di Esopo

	**Situazione iniziale** Un leone, un asino e una volpe si uniscono in società e decidono di andare insieme a caccia.
	**Situazione intermedia** Il bottino è abbondante e sono veramente soddisfatti, anche se stanchi e affamati. Il leone invita l'asino a dividere la preda. L'asino giustamente divide il bottino in tre parti uguali, quindi invita il leone a scegliersi la parte che preferisce. Il leone salta addosso all'asino e lo divora. Poi ordina alla volpe di fare lei le parti.
	**Situazione finale** La volpe _____ _____ _____ _____ _____ _____ _____ _____
	**Insegnamento morale** _____ _____ _____ _____ _____ _____ _____ _____

Q12. *Leggi la favola e completa la tabella.*

La rana e il bue

Un giorno, in un prato, una rana vede un bue. Le sembra magnifico e prova molta invidia per la sua grandezza.

Incomincia così a gonfiarsi quanto più può. Chiede poi ai suoi figli se è più grande del bue: le rispondono di no.

Subito gonfia la pelle con sforzo maggiore e chiede di nuovo chi è più grande. I figli rispondono:
- Il bue!

Sdegnata, la rana si gonfia ancora di più e alla fine scoppia.

Quando i piccoli vogliono imitare i grandi, finiscono male.

(testo adattato da Favole di Esopo)

Titolo:	
Autore:	
Protagonisti:	
Fatto narrato:	(situazione _____) Un giorno, in un prato, una rana vede un bue. Le sembra magnifico e prova molta invidia per la sua grandezza. (situazione intermedia) _____ _____ _____ _____ _____ _____ _____ _____ _____ _____ _____ _____ _____ _____ _____ (situazione _____) La rana, sdegnata, si gonfia ancora di più e alla fine scoppia.
Insegnamento morale:	

Connettivi temporali
1

Grammatic@

Per scrivere dei testi ben collegati nelle loro varie parti, si usano delle parole o espressioni temporali specifiche per ogni fase del racconto.

Situazione iniziale	Situazione intermedia	Situazione finale
• una volta • prima di tutto • un giorno	• quindi • dopo un po' di tempo • dopo alcuni minuti • il giorno seguente / il giorno dopo • giorno dopo giorno • intanto • a un certo punto • ormai	• alla fine • infine • così

Sottolinea nel testo i connettivi temporali.

Una volta una lepre e una tartaruga hanno fatto una gara di velocità. La tartaruga ha cominciato a camminare lentamente. Intanto la lepre sicura di vincere si è riposata su un prato. Quando la tartaruga era vicina al traguardo, la lepre si è messa a correre, ma ormai era troppo tardi. La tartaruga così aveva vinto la gara.

Q13. *Completa la favola. Aiutati con i connettivi temporali.*

L'elefante magro

C'era _____ un elefante molto grasso.

_____ vide nella foresta una gazzella magra e scattante.

Decise _____ di dimagrire e di diventare come lei.

Chilo dopo chilo, _____ l'elefante divenne molto magro.

_____ non riuscì più a trasportare le merci e _____ restò senza lavoro.

Q14. *Rimetti in ordine i testi di tre favole.*

A

Un contadino pensava: "Se faccio lavorare i muli fin da quando sono piccoli, i loro muscoli e la schiena si rafforzeranno e io avrò muli adulti più forti e resistenti!". E così fece.

B

Ma la medicina fece fare al ragno degli scatti così veloci che non riuscì più ad attaccarsi ai muri. Il ragno, così, fu condannato a saltare per tutta la vita senza potersi mai fermare.

C

Un gruppo di giovani coccodrilli si divertiva a mascherarsi per catturare altri animali e rubare le loro riserve di cibo. Un bel giorno pensarono di mascherarsi da struzzi per poter correre più veloci.

D

"La favola insegna che per migliorare bisogna utilizzare soltanto le proprie forze!".

E

Ma gran parte dei suoi giovani muli non sopportò la fatica e morì di stenti dopo poco. Il contadino, così, si ritrovò con molto lavoro da fare e senza poter più contare sui suoi muli.

F

Così potevano afferrare più facilmente le prede. Ma, quando si avvicinarono alla palude, non furono riconosciuti neppure dai loro parenti coccodrilli che se li mangiarono in un boccone.

G

"La favola insegna che chi cerca di ingannare gli altri rimane vittima delle sue stesse cattiverie".

H

"La favola insegna che non bisogna pretendere dai piccoli ciò che possono fare solo i grandi!".

I

Un ragno, non riuscendo più a saltare e a fare ragnatele solide, andò dallo scorpione stregone che gli preparò una medicina miracolosa.

Favola 1 = ___ + ___ + ___   Favola 2 = ___ + ___ + ___   Favola 3 = ___ + ___ + ___

Q15. *Trova un titolo per ogni favola dell'esercizio Q14.*

1. _____

2. _____

3. _____

Q16. *Leggi, pensa e segna.*

IO SO...

😊😊	Io so fare molto bene
😊	Io so fare bene
😐	Io so fare abbastanza bene
☹️	non lo so ancora fare

		😊😊	😊	😐	☹️
A	capire le parti più importanti di una favola				
L	capire una favola nelle sue parti				
C	partecipare ad una conversazione sulle caratteristiche delle persone				
P	raccontare una favola con l'aiuto di appunti				
S	prendere appunti all'ascolto e completare una favola illustrata				

Modulo 1 Unità 1

Grammatic@

1. Pronomi personali soggetto
   Presente dei verbi regolari in *-are*
   Verbo *chiamarsi*

Pronomi personali	abit-are
Io	abit**o**
Tu	abit**i**
Lei/Lui	abit**a**
Noi	abit**iamo**
Voi	abit**ate**
Loro	abit**ano**

Pronomi personali	chiam-arsi
Io	**mi** chiam**o**
Tu	**ti** chiam**i**
Lei/Lui	**si** chiam**a**
Noi	**ci** chiam**iamo**
Voi	**vi** chiam**ate**
Loro	**si** chiam**ano**

2. Presente dei verbi *essere* e *avere*

Pronomi personali	essere	avere
Io	sono	ho
Tu	sei	hai
Lei/Lui	è	ha
Noi	siamo	abbiamo
Voi	siete	avete
Loro	sono	hanno

3. Nomi propri e nomi comuni

Nomi propri	Nomi comuni
Superbrif	giornata
Roberto	scuola
Matteo	edicola

I nomi comuni si scrivono con lettera minuscola (piccola), quelli propri si scrivono con lettera maiuscola (grande).

4. Nomi in *-o*, *-a*, *-e*

Nomi in *-o* e in *-a*

	Singolare	Plurale
maschile	alber-**o**	alber-**i**
femminile	panchin-**a**	panchin-**e**

Nomi in *-e*

	Singolare	Plurale
maschile	cellular-**e**	cellular-**i**
femminile	chiav-**e**	chiav-**i**

Attenzione!

la mano – le mani   la radio – le radio   l'auto – le auto
la foto – le foto   la moto – le moto

5. Articoli determinativi

Articoli determinativi maschili		
Singolare	Plurale	Uso
il panino	**i** panini	consonante
lo zainetto	**gli** zainetti	s+consonante: sb, sc, sd, sp, st, sq; gn, ps, pn, y, x, z
l'elastico	**gli** elastici	vocale

Articoli determinativi femminili		
Singolare	Plurale	Uso
la merenda	**le** merende	consonante
l'aranciata	**le** aranciate	vocale

Grammatica

1. Aggettivi qualificativi in *-o, -a, -e*

Aggettivi qualificativi in *-o* e in *-a*

	Maschile	Femminile
singolare	il professore è sportivo	la professoressa è sportiva
plurale	i professori sono sportivi	le professoresse sono sportive

Attenzione!

Gli aggettivi che al singolare finiscono in *-co*, *-ca* e *-go*, *-ga*, al plurale finiscono in *-chi*, *-che* e *-ghi*, *-ghe*.

	Maschile	Femminile
singolare	il muro è largo il corridoio è sporco	la strada è larga la scala è sporca
plurale	i muri sono larghi i corridoi sono sporchi	le strade sono larghe le scale sono sporche

Aggettivi qualificativi in *-e*

	Maschile	Femminile
singolare	il ragazzo è intelligente	la ragazza è intelligente
plurale	i ragazzi sono intelligenti	le ragazze sono intelligenti

Modulo 1 Unità 3

Grammatic@

1. Numeri cardinali e ordinali

Numeri cardinali	Numeri ordinali
0 zero	
1 uno	1° primo
2 due	2° secondo
3 tre	3° terzo
4 quattro	4° quarto
5 cinque	5° quinto
6 sei	6° sesto
7 sette	7° settimo
8 otto	8° ottavo
9 nove	9° nono
10 dieci	10° decimo
11 undici	11° undicesimo
12 dodici	12° dodicesimo
13 tredici	13° tredicesimo
14 quattordici	14° quattordicesimo
15 quindici	15° quindicesimo
16 sedici	16° sedicesimo
17 diciassette	17° diciassettesimo
18 diciotto	18° diciottesimo
19 diciannove	19° diciannovesimo
20 venti	20° ventesimo
21 ventuno	21° ventunesimo
22 ventidue	22° ventiduesimo
30 trenta	30° trentesimo
40 quaranta	40° quarantesimo
50 cinquanta	50° cinquantesimo
60 sessanta	60° sessantesimo
70 settanta	70° settantesimo
80 ottanta	80° ottantesimo
90 novanta	90° novantesimo
100 cento	100° centesimo
101 centouno	101° centunesimo
102 centodue	102° centoduesimo
110 centodieci	110° centodecimo
200 duecento	200° duecentesimo
300 trecento	300° trecentesimo
1000 mille	1000° millesimo
100.000 centomila	100.000° centomillesimo

Attenzione!

I numeri ordinali dopo il 10 si formano aggiungendo la desinenza *-esimo* al numero cardinale.

Modulo 1 Unità 4

1. Articoli indeterminativi singolari

Articoli indeterminativi	
Maschile singolare	Uso
un cancello, **un** albero	consonante e vocale
uno steccato	s+cons.: sb, sc, sd, sp, st, sq; gn, ps, pn, y, x, z

Articoli indeterminativi	
Femminile singolare	Uso
una macchina	consonante
un'insegna	vocale

2. Presente dei verbi regolari in *-ere* e *-ire*
Verbo *capire*

Pronomi personali	*ved-ere*	*prosegu-ire*
Io	ved**o**	prosegu**o**
Tu	ved**i**	prosegu**i**
Lei/Lui	ved**e**	prosegu**e**
Noi	ved**iamo**	prosegu**iamo**
Voi	ved**ete**	prosegu**ite**
Loro	ved**ono**	prosegu**ono**

Pronomi personali	*cap-ire*
Io	cap**isco**
Tu	cap**isci**
Lei/Lui	cap**isce**
Noi	cap**iamo**
Voi	cap**ite**
Loro	cap**iscono**

3. Presente dei verbi irregolari

Pronomi personali	*andare*	*fare*	*uscire*	*stare*
Io	vado	faccio	esco	sto
Tu	vai	fai	esci	stai
Lei/Lui	va	fa	esce	sta
Noi	andiamo	facciamo	usciamo	stiamo
Voi	andate	fate	uscite	state
Loro	vanno	fanno	escono	stanno

Modulo 1 Unità 5

Grammatic@

1. Passato prossimo

Pronomi personali	*urtare*	*conoscere*	*colpire*
Io	**ho** urt**ato**	**ho** conosci**uto**	**ho** colp**ito**
Tu	**hai** urt**ato**	**hai** conosci**uto**	**hai** colp**ito**
Lei/Lui	**ha** urt**ato**	**ha** conosci**uto**	**ha** colp**ito**
Noi	**abbiamo** urt**ato**	**abbiamo** conosci**uto**	**abbiamo** colp**ito**
Voi	**avete** urt**ato**	**avete** conosci**uto**	**avete** colp**ito**
Loro	**hanno** urt**ato**	**hanno** conosci**uto**	**hanno** colp**ito**

Pronomi personali	*arrivare*	*cadere*	*uscire*
Io	**sono** arriv**ata/o**	**sono** cad**uta/o**	**sono** usc**ita/o**
Tu	**sei** arriv**ata/o**	**sei** cad**uta/o**	**sei** usc**ita/o**
Lei/Lui	**è** arriv**ata/o**	**è** cad**uta/o**	**è** usc**ita/o**
Noi	**siamo** arriv**ate/i**	**siamo** cad**ute/i**	**siamo** usc**ite/i**
Voi	**siete** arriv**ate/i**	**siete** cad**ute/i**	**siete** usc**ite/i**
Loro	**sono** arriv**ate/i**	**sono** cad**ute/i**	**sono** usc**ite/i**

2. Aggettivi dimostrativi *questo* e *quello*
Aggettivo *bello*

	Maschile singolare	Maschile plurale		Femminile singolare	Femminile plurale
il pallone	quest**o** pallone	quest**i** palloni	la canzone	quest**a** canzone	quest**e** canzoni
lo stivale	quest**o** stivale	quest**i** stivali	l'amica	quest'amica	quest**e** amiche
l'albero	quest'albero	quest**i** alberi			

	Maschile singolare	Maschile plurale		Femminile singolare	Femminile plurale
il pallone	que**l** pallone	que**i** palloni	la canzone	quell**a** canzone	quell**e** canzoni
lo stivale	quell**o** stivale	que**gli** stivali	l'amica	quell'amica	quell**e** amiche
l'albero	quell'albero	que**gli** alberi			

Aggettivo *bello*

	Maschile singolare	Maschile plurale		Femminile singolare	Femminile plurale
il pallone	che be**l** pallone!	che be**i** palloni!	la canzone	che bell**a** canzone!	che bell**e** canzoni!
lo stivale	che bell**o** stivale!	che be**gli** stivali!	l'amica	che bell'amica!	che bell**e** amiche!
l'orologio	che bell'orologio!	che be**gli** orologi!			

Attenzione!

Gli aggettivi *quello* e *bello* seguono le regole degli articoli determinativi.

Grammatica

1. Presente dei verbi riflessivi

Pronomi personali	alz-arsi	mett-ersi	vest-irsi
Io	mi alzo	mi metto	mi vesto
Tu	ti alzi	ti metti	ti vesti
Lei/Lui	si alza	si mette	si veste
Noi	ci alziamo	ci mettiamo	ci vestiamo
Voi	vi alzate	vi mettete	vi vestite
Loro	si alzano	si mettono	si vestono

Pronomi personali	svegli-arsi	lav-arsi	pettin-arsi
Io	mi sveglio	mi lavo	mi pettino
Tu	ti svegli	ti lavi	ti pettini
Lei/Lui	si sveglia	si lava	si pettina
Noi	ci svegliamo	ci laviamo	ci pettiniamo
Voi	vi svegliate	vi lavate	vi pettinate
Loro	si svegliano	si lavano	si pettinano

Pronomi personali	prepar-arsi	asciug-arsi	trucc-arsi
Io	mi preparo	mi asciugo	mi trucco
Tu	ti prepari	ti asciughi	ti trucchi
Lei/Lui	si prepara	si asciuga	si trucca
Noi	ci prepariamo	ci asciughiamo	ci trucchiamo
Voi	vi preparate	vi asciugate	vi truccate
Loro	si preparano	si asciugano	si truccano

Modulo 2 Unità 2

1. Doppia negazione

mai	niente	nessuno
Non c'è **mai** nessuno per giocare.	**Non** trovo **niente** da mettere.	In casa **non** c'è **nessuno**.
Non faccio **mai** volentieri questo lavoro.	**Non** c'è **niente** da mangiare.	**Non** ho visto **nessuno** in classe.

Attenzione!

Quando in una frase negativa troviamo le parole *mai, niente, nessuno,* davanti al verbo dobbiamo mettere anche la parola *non.*

Modulo 2 Unità 3

1. Presente dei verbi *dovere, potere* e *volere*

	dovere	potere	volere
Io	devo	posso	voglio
Tu	devi	puoi	vuoi
Lei/Lui	deve	può	vuole
Noi	dobbiamo	possiamo	vogliamo
Voi	dovete	potete	volete
Loro	devono	possono	vogliono

2. Imperativo informale affermativo e negativo

Imperativo informale affermativo

	buttare	prendere	partire
Tu	butt**a**	prend**i**	part**i**
Voi	butt**ate**	prend**ete**	part**ite**

Imperativo informale negativo

	buttare	prendere	partire
Tu	**non** butt**are**	**non** prend**ere**	non part**ire**
Voi	**non** butt**ate**	**non** prend**ete**	non part**ite**

Grammatica

1. Futuro semplice dei verbi -are, -ere, -ire
Futuro semplice di *essere* e *avere*

	arredare	*mettere*	*pulire*
Io	arred**erò**	mett**erò**	pul**irò**
Tu	arred**erai**	mett**erai**	pul**irai**
Lei/Lui	arred**erà**	mett**erà**	pul**irà**
Noi	arred**eremo**	mett**eremo**	pul**iremo**
Voi	arred**erete**	mett**erete**	pul**irete**
Loro	arred**eranno**	mett**eranno**	pul**iranno**

	essere	*avere*
Io	sarò	avrò
Tu	sarai	avrai
Lei/Lui	sarà	avrà
Noi	saremo	avremo
Voi	sarete	avrete
Loro	saranno	avranno

2. Futuro semplice di alcuni verbi irregolari

	fare	*dare*	*dire*	*stare*
Io	farò	darò	dirò	starò
Tu	farai	darai	dirai	starai
Lei/Lui	farà	darà	dirà	starà
Noi	faremo	daremo	diremo	staremo
Voi	farete	darete	direte	starete
Loro	faranno	daranno	diranno	staranno

	andare	*bere*	*tenere*	*venire*
Io	andrò	berrò	terrò	verrò
Tu	andrai	berrai	terrai	verrai
Lei/Lui	andrà	berrà	terrà	verrà
Noi	andremo	berremo	terremo	verremo
Voi	andrete	berrete	terrete	verrete
Loro	andranno	berranno	terranno	verranno

Modulo 2 Unità 5

1. Locuzioni di tempo determinato

Parti della giornata	Ore	Data	Stagioni	Anno
al mattino/la mattina a mezzogiorno alla sera/la sera di notte/la notte di buon'ora	alle otto alle nove e tre quarti	il giorno del mese il mese il 28 gennaio 2015	in primavera in inverno in autunno in estate	nell'anno 2019 nel 2019 durante il 2019

Modulo 3 Unità 1

1. Passato prossimo dei verbi riflessivi

	bagnarsi	*sedersi*	*divertirsi*
Io	mi sono bagnata/o	mi sono seduta/o	mi sono divertita/o
Tu	ti sei bagnata/o	ti sei seduta/o	ti sei divertita/o
Lei/Lui	si è bagnata/o	si è seduta/o	si è divertita/o
Noi	ci siamo bagnate/i	ci siamo sedute/i	ci siamo divertite/i
Voi	vi siete bagnate/i	vi siete sedute/i	vi siete divertite/i
Loro	si sono bagnate/i	si sono sedute/i	si sono divertite/i

Modulo 3 Unità 2

1. Aggettivi possessivi

	singolare	plurale
maschile	il **mio** libro il **tuo** libro il **suo** libro il **nostro** libro il **vostro** libro il **loro** libro	i **miei** libri i **tuoi** libri i **suoi** libri i **nostri** libri i **vostri** libri i **loro** libri
femminile	la **mia** casa la **tua** casa la **sua** casa la **nostra** casa la **vostra** casa la **loro** casa	le **mie** case le **tue** case le **sue** case le **nostre** case le **vostre** case le **loro** case

Modulo 3 Unità 3

1. Pronomi diretti e indiretti

Pronomi diretti

	singolare	plurale
prima persona (femminile e maschile)	mi	ci
seconda persona (femminile e maschile)	ti	vi
terza persona femminile	la	le
terza persona maschile	lo	li

Pronomi indiretti

	singolare	plurale
prima persona (femminile e maschile)	mi	ci
seconda persona (femminile e maschile)	ti	vi
terza persona femminile	le - Le	gli
terza persona maschile	gli	gli

Modulo 3 Unità 4

1. Imperativo di alcuni verbi irregolari

	essere	*avere*	*dire*	*dare*
Tu	sii!	abbi!	di'!	da'/dai!
Voi	siate!	abbiate!	dite!	date!

	fare	*stare*	*andare*	*venire*
Tu	fa'/fai!	sta'/stai!	va'/vai!	vieni!
Voi	fate!	state!	andate!	venite!

2. Imperativo dei verbi riflessivi

	alzarsi	*muoversi*	*vestirsi*
Tu	alzati! non alzarti!	muoviti! non muoverti!	vestiti! non vestirti!
Voi	alzatevi! non alzatevi!	muovetevi! non muovetevi!	vestitevi! non vestitevi!

3. Imperativo con i pronomi diretti e indiretti

Imperativo con pronomi diretti

	portare	*mettere*	*riempire*
Tu	portalo! non portarlo!	mettilo! non metterlo!	riempilo! non riempirlo!
Voi	portatelo! non portatelo!	mettetelo! non mettetelo!	riempitelo! non riempitelo!

Imperativo con pronomi indiretti

	portare	*mettere*	*riempire*
Tu	portagli! non portargli!	mettigli! non mettergli!	riempigli! non riempirgli!
Voi	portategli! non portategli!	mettetegli! non mettetegli!	riempitegli! non riempitegli!

Grammatica

1. Connettivi temporali

Situazione iniziale	Situazione intermedia	Situazione finale
una volta prima di tutto un giorno	quindi dopo un po' di tempo dopo alcuni minuti il giorno seguente / il giorno dopo giorno dopo giorno intanto a un certo punto	alla fine infine così

Appunti

Ultima ristampa: Febbraio 2012 - Stampa: STIAV s.r.l. - Calenzano (Fi)